ERFÜLLEN SIE SICH IHRE KLEINEN TRÄUME

Zusatzeinkommen mit Minijobs

TEIL 1

Kristin de Mar

1. Auflage

Impressum, Herausgeber und Copyright:

INFO-Verlag

Box: 104062

Züricherstrasse 161

8010 Zürich

Schweiz

Kristindemar@ist-einmalig.de

Urheberrecht:

Dieses Buch ist urheberrechtlich geschützt.

Sämtliche Veröffentlichungen, Ausdrucke und Verbreitungen sind nur mit Genehmigung des Verlages oder des Autors erlaubt.

Weitere Bücher der Autorin können Sie auf der folgenden Homepage bestellen:

http://www.kristindemar.com

HILFE ICH HABE SCHMERZEN

Ratgeber für eine Schmerzbekämpfung auf natürliche Art und Weise

HILFE WIE FINDE ICH MEINEN TRAUMPARTNER

Datingratgeber für das 21. Jahrhundert

HILFE ICH BIN ZU SCHÜCHTERN

Ratgeber für Personen mit geringem Selbstvertrauen

HILFE MEIN KIND IST ZU DICK
Abnehmratgeber für Eltern und Großeltern

HILFE ICH BIN ZU DICK
Abnehmratgeber für Erwachsene

HILFE WIR BEKOMMEN EINE KATZE

Der Katzenratgeber

HILFE ICH BRAUCHE DRINGEND GELD

Ratgeber für Leute, die knapp bei Kasse sind

HILFE ICH HABE ANGST
Ratgeber für Personen, die Angst und Panikattacken haben

EROTISCHE GUTE NACHT GESCHICHTEN

Teil 1

SO VERDIENEN SIE SICHER GELD

Der Ratgeber für finanzielle Notlagen

INHALTVERZEICHNIS

1. Was sind Mini- oder Mikrojobs?

2. Mini- oder Mikrojobs via Handy

3. Mini- oder Mikrojobs für den Computer

4. Schreibjobs für den Computer

5. Mikrojobs für Fotofreunde

6. Minijobs für Software- und Appfreunde

7. Mikrojobs für Designwettbewerbe

VORWORT

Für die meisten ist es schwierig, jeden Monat mit dem vorhandenen Geld auszukommen. Es ist aber noch viel schwieriger, etwas zu finden, mit dem man sein Gehalt aufbessern kann. Angeboten wird vieles, wer sich aber genauer umsieht und wirklich zusätzliches Geld verdienen will, wird schnell bemerken, dass es nicht ganz so einfach ist.

Das Internet ist voll von guten Ratschlägen, wie man Geld verdienen kann. Leider bemerkt man am Ende meistens, dass es nicht funktioniert. Ich selbst habe schon einige gut gemeinte Ratgeber gelesen und am Ende fast immer festgestellt, dass man so zu keinem Geld kommt.

Das wollte ich so nicht akzeptieren, denn ich dachte mir, dass es sowas doch nicht geben kann. Wenn man wirklich gewillt ist, zu arbeiten, muss am Ende etwas dabei rausschauen. Und siehe da, ich habe einige Möglichkeiten gefunden, wie Sie mit keinerlei oder nur geringem Aufwand Geld verdienen können. Mit sogenannten Mini- oder Mikrojobs, die wirklich massenhaft angeboten werden.

Ich habe Ihnen eine Aufstellung von tatsächlich *gewinnbringenden, kleinen Jobs aufgelistet, die wirklich Geld* bringen. Das heißt aber nicht, dass Sie über Nacht reich werden, nein, das heißt, dass Sie ihre Ärmel hochkrempeln und hart dafür arbeiten müssen.

Sollten Sie dies wirklich vorhaben, werden Ihnen meine Mikrojobs Geld einbringen. Wie viel Geld Sie damit verdienen werden, hängt ganz von Ihnen ab. Je mehr Zeit Sie investieren, umso mehr Geld werden Sie verdienen. Also nichts wie los… ran an die Arbeit…

KAPITEL 1

Was sind Mini- oder Mikrojobs?

Man erledigt kleine Arbeiten für andere Personen und bekommt dafür eine Aufwandsentschädigung.

Mini- oder Mikrobjobs sind eine wunderbare Möglichkeit, um sich nebenbei etwas Geld dazuzuverdienen. Nebenbei? Ja, wenn ich sage nebenbei, dann meine ich auch nebenbei. Ob in der Bahn, zu Hause in einer ruhigen Minute oder schnell morgens vor der Arbeit. Diese Arten von Jobs sind sehr flexibel zu handhaben. Man hat keinen Zeitdruck und arbeitet dann, wenn man Zeit hat. Das heißt, man nützt jede freie Minute seines Tages um einen Minijob zu erledigen. Man verbringt so viel Zeit mit warten, sei es auf die Bahn, sei es beim Arzt. Man kann diese Zeit auch wirklich nützen und Geld verdienen.

Sollten Sie einen Teilzeitjob haben, ist diese Art der Arbeit für Sie noch besser geeignet, Sie können sich dann wirklich regelmäßig Zeit für die kleinen und größeren Jobs nehmen. Zusätzliche Jobs sind relativ schwierig zu bekommen und auch zeitmäßig lassen sie sich oft nicht unterbringen. Diese Art des Geldverdienens können sie jederzeit umsetzen und es kommt Ihnen Zeitlich sehr entgegen. Nennen Sie mir einen Job, den Sie ausführen können, wann immer Sie Lust dazu haben. Fast jede Arbeit hat fixe Arbeitszeiten oder einen fixen Arbeitsstandort.

Vor einigen Jahren war das Thema Heimarbeit ein großes Thema, heute im Zeitalter des Handys und der mobilen Geräte, muss man nicht mehr zwingend zu Hause seine Arbeit erledigen. Es klingt einfach verlockend, die tote Wartezeit, die wir alle zu genüge kennen, mit etwas sinnvollen zu verbringen. Die Idee für eine solche Tätigkeit ist mir bei meinem letzten Arztbesuch gekommen. Stundenlanges, sinnloses Sitzen und Warten und die Zeit vergeht nicht. Jetzt verkürze ich meine tägliche Wartezeit mit etwas wirklich Sinnvollem, was mir noch zusätzlich Geld einbringt. Die Arbeiten sind einfach und es ist überhaupt kein Problem, einige Minuten oder Stunden zwischendurch Daten einzugeben oder sonstige kleine Jobs zu verrichten.

Sie haben die Möglichkeit, Ihre Arbeit zu Hause am Computer zu erledigen, oder sollten Sie unterwegs sein, haben Sie die Möglichkeit, mit einer App auf Ihrem Smartphone zu arbeiten. Es gibt keine Ausrede mehr bezüglich geringer Zeit. Jeder der arbeiten will und zusätzlich Geld braucht, hat die Möglichkeit es zu tun. Es war noch nie so einfach.

Ich werde Ihnen in diesem Ratgeber einige Plattformen vorstellen, bei denen Sie sich registrieren können. Und schon geht es los.

Wie funktionieren solche Mikro- oder Minijobs?
Mikrojobs sind kleine Aufträge. Für jeden ausführbar und an vielen Ecken verfügbar. Diese Art von Jobs finden Sie hauptsächlich online. Ob als Internetseite oder als App, diese Aufträge sind jederzeit einsehbar und können jederzeit angenommen werden. Das heißt, sollten Sie bei den Plattformen angemeldet sein, können Sie sich jederzeit einen Job aussuchen und ihn je nach Zeit und Lust erledigen.

Die Art der Jobs ist ganz unterschiedlich und von Plattform zu Plattform verschieden. Einige Plattformen bieten Katalogsortierungen an, andere wiederum

Adressenüberprüfungen. Es sind einfache und auch etwas anspruchsvollere Jobs, die hin und wieder nach einer Qualifikation vergeben werden. Das heißt, es gibt einfachere und anspruchsvollere Jobs, je nachdem was für Sie persönlich geeignet ist.

Damit Sie eine Vorstellung von einer Art eines Mikrojobs bekommen, werde ich Ihnen etwas dazu erzählen.
Eine Aufgabe eines Minijobs war zum Bespiel Adressenüberprüfungen. Das heißt, Sie bekommen eine Adresse vorgegeben und überprüfen diese auf ihre Richtigkeit. Gar nicht mal so schwierig und auch recht einfach zu erledigen. Beim nächsten Mal, musste ich ein Firmenschild überprüfen, auch nicht sehr schwierig, einfach hinfahren, überprüfen und eingeben. Schon war die Aufgabe erledigt. Sie sehen das ist wirklich für jede Person machbar.

KAPITEL 2

Mini- oder Mikrojobs via Handy

Starten wir mit einer App, die Sie überall für unterwegs nützen können: www.streetspotr.de

Das Streetspotr-Prinzip: In zwei Minuten erklärt

Streetspotr bietet Minijobs an, welche ganz einfach und unkompliziert via einer App verrichtet werden können. Das Motto der Firma heißt: „VERDIENEN SIE GELD, WÄHREND SIE IRGENDWO ANDERS WARTEN!"
Worum geht es hier? SPOTS, so heißen die kleinen Jobs, werden von Partnerfirmen ausgeschrieben und bei Streetspotr angeboten.
Das Smartphone lokalisiert den Standort des Nutzers. Die App zeigt genau an, welche Jobs in der nahen Umgebung zu

erledigen wären. Fast so, wie es viele aus den Computerspielen kennen.
Man hat die Möglichkeit zu fotografieren, Informationen zu sammeln, schnell mal eine Öffnungszeit zu erfassen oder Straßen- und Firmennamen zu erörtern. Klingt doch wirklich nicht schwierig. Oder?
Wenn das Unternehmen die Information bekommen hat, meldet es sich bei Streetspotr, dort wird die Zahlung des Honorars auf das PayPal-Konto des Nutzers angewiesen.

Klingt doch nach der perfekten Lösung für einen freien Nachmittag, an dem man nicht weiß, was man anfangen sollte. Und das Beste daran ist, man bekommt noch Geld dafür.
Es besteht für Sie nach erfolgreicher Registrierung jederzeit die Möglichkeit, sich einzuloggen und nachzuschauen ob ein Spot in Ihrer Nähe griffbereit ist. Das heißt, sollten Sie in der Nähe dieses Auftragsortes sein, können Sie kurzfristig und ohne großen Aufwand den Job sofort annehmen. Nach Erledigung des Auftrages wird Ihnen das Geld sofort überwiesen. Wir reden hier leider nicht von großen Summen, aber die Masse macht es aus. Sie werden sicherlich nicht mit einem Mini- oder Mikrojob reich, trotzdem werden Sie sehen, je mehr Aufträge Sie erfüllen, umso mehr Geld wird auf Ihr Konto rollen.
Bei einem kleinen Auftrag, der wirklich nicht viel Zeit beansprucht, sind gleich mal 1,50 - 2 Euro drinnen.
Einfache Aufträge, wie Fragen, ob ein Restaurant noch geöffnet hat, oder ob ein Laden nachmittags geöffnet hat, sind wirklich keine Hexerei. Sie werden staunen, wie lustig und unkompliziert diese Art von Arbeit ist. Die Jobs machen sich wirklich nur über die Masse profitabel, aber es gibt bares Geld dafür und nur darum geht es.

Mein letzter Job war ein gutes Beispiel: Überprüfen Sie die Öffnungszeiten eines Restaurant und fotografieren Sie die Speisekarte. Dieser kleine Aufwand machte mich um 1,50€ reicher und dauerte nicht mal 3 Minuten. Ich kombiniere meine Aufträge mit meinem täglichen Leben und habe so keinen Mehraufwand bei der Anreise. Sollte ich nachmittags wirklich mal Lust und Laune haben, weitere Strecken zu bereisen, nehme ich auch das gerne in Kauf. Denn am Ende des Monats freue ich mich jedes Mal über ein tolles Zusatzeinkommen.

Einige Jobs sind besser und einige Jobs sind weniger gut bezahlt. Bei manchen Dingen gibt es keine Sofortbezahlung, aber es gibt dafür Streetpoints. So gesagte Beliebtheitspunkte, für die man später wieder bessere Jobangebote vorfindet. In der Summe zahlt es sich auf jeden Fall aus und wenn man richtig fleißig ist, kommt am Ende des Monats ein kleiner Lohn zusammen.

Starten Sie noch heute und melden Sie sich gleich an.

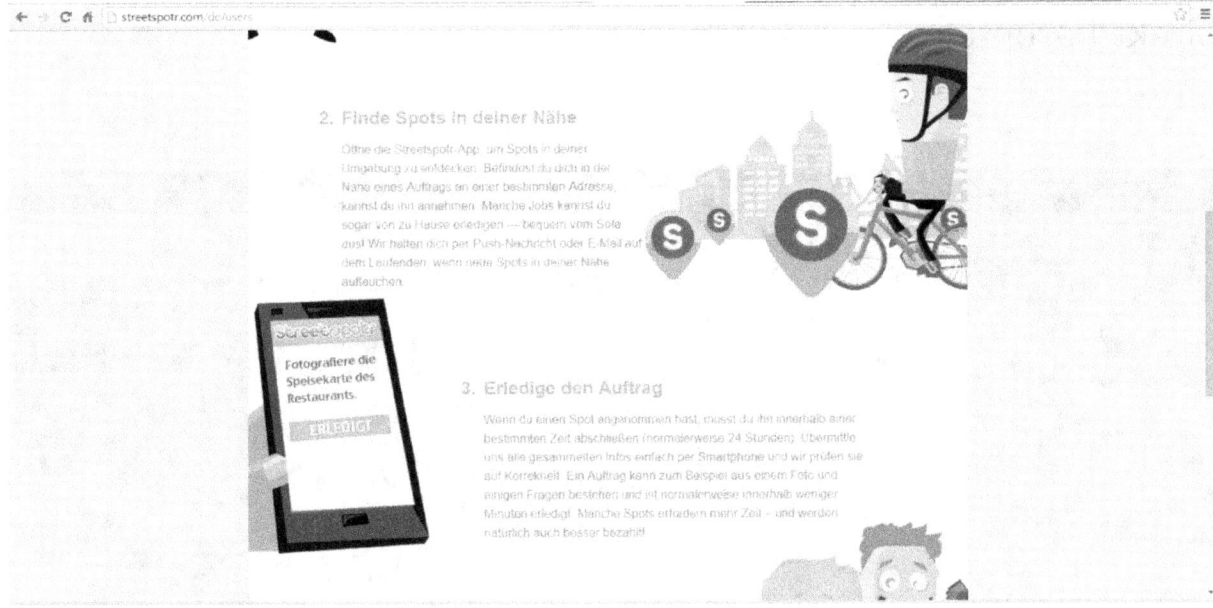

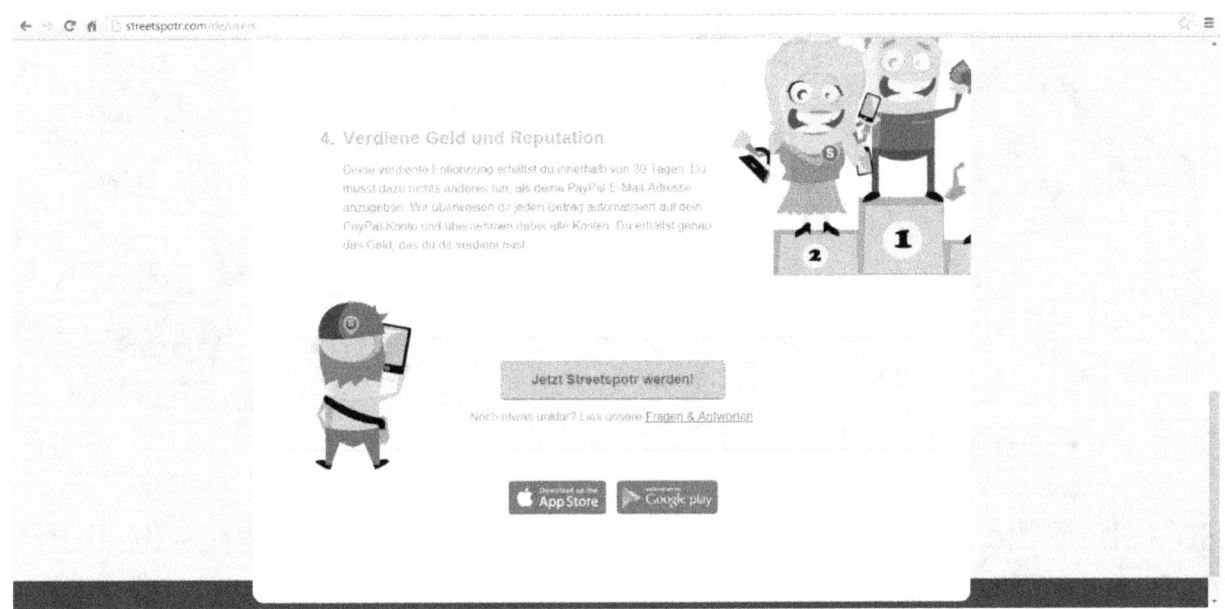

Oben habe ich Ihnen die Buttons eingefügt, damit Sie die Apps direkt herunterladen können.

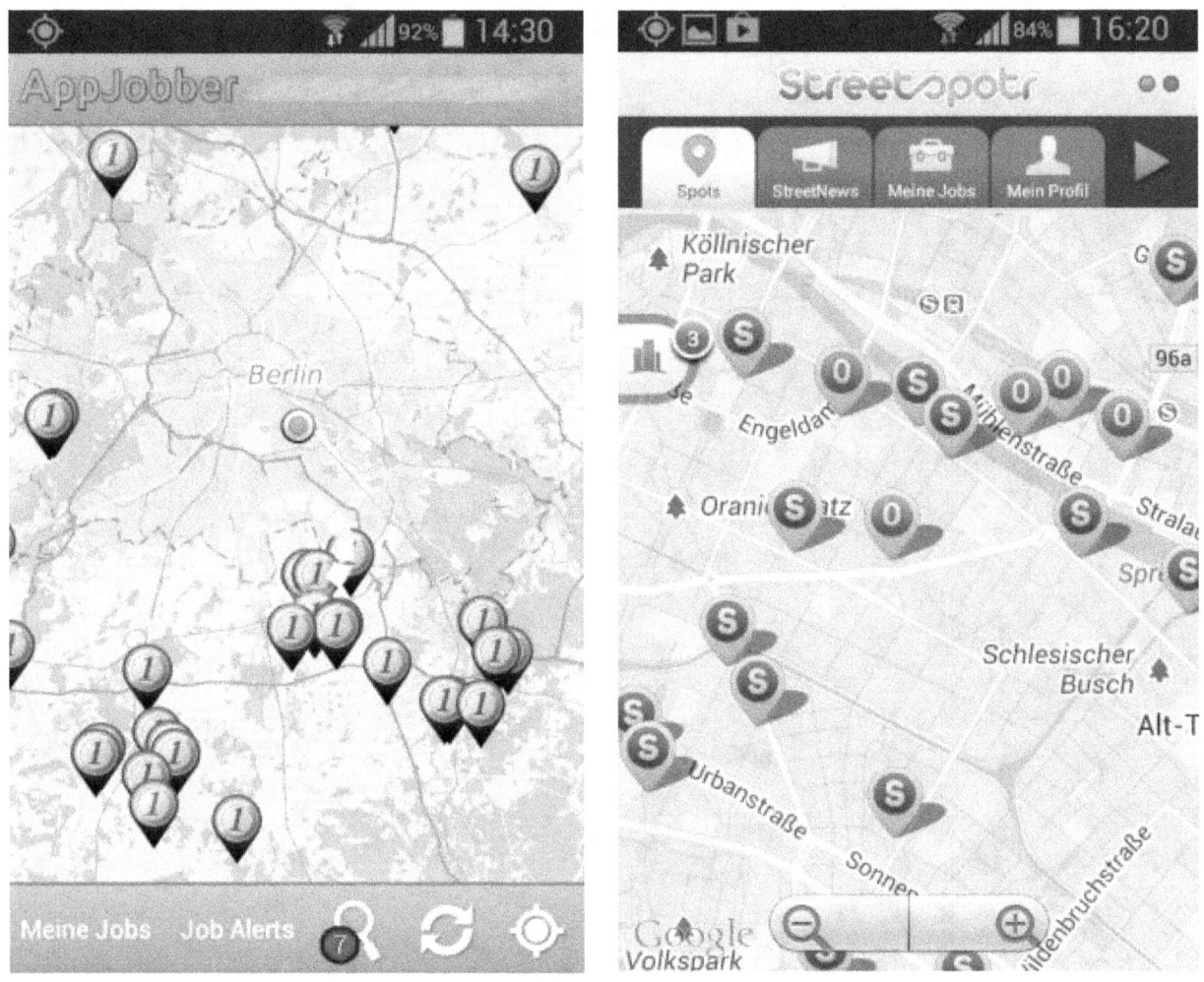

So sehen die Apps von Streetspotr und der unten vorgestellten App Appjobber aus.

Mein zweiter Vorschlag wäre www.appjobber.de

Appjobber funktioniert ähnlich wie das oben vorgestellte Projekt.

Mittlerweile ist AppJobber auch in vielen Ländern Europas verfügbar: Österreich, Schweiz, Italien, Frankreich, Spanien und viele weitere. Handynutzer finden bereits zehntausende Mikrojobs in den verfügbaren Ländern. Das Geld liegt damit quasi auf der Straße. Auch im Urlaub.

Das heißt, falls Sie im Urlaub mal Regenwetter haben, einfach nur Unterhaltung brauchen oder die Umgebung mal auf eine andere Art erkunden wollen, können Sie jederzeit mit der App arbeiten und Geld verdienen.

Werden in Ihrer Karte gerade keine Aufträge in der Nähe angezeigt, liegt es an Ihnen, Jobs zu finden. In der App gibt es sogenannte Suchjobs beziehungsweise regionale Spots. Hier hilft es, einfach mit offenen Augen die eigene Stadt zu erkunden und Neueröffnungen, kaputte Leuchtreklamen, Taxistände oder neue Hotelbauprojekte zu melden. Sie werden erstaunt sein, wie umfangreich und abwechslungsreich diese Art von Arbeit sein kann.

Auch mit dieser App können Sie einfache Jobs, wie Speisekarten fotografieren, Straßennamen erfassen, usw., erledigen. Vergessen sie aber bitte nicht, dass bei diesen kleinen Minijobs es die Masse ausmacht. Sie können einiges an Geld verdienen, müssen aber auch Einsatz zeigen. Geschenkt gibt es auch hier nichts.

Unten habe ich Ihnen noch einmal eine App-Ansicht angeführt, wie ein Minijob aussehen kann. Hierbei handelt es sich um einen Tempolimit-Überprüfungsjob. Das heißt, Sie überprüfen ganz einfach das Tempolimit in gewissen Straßenbereichen.

Eine weitere Möglichkeit wäre die ABALO APP :

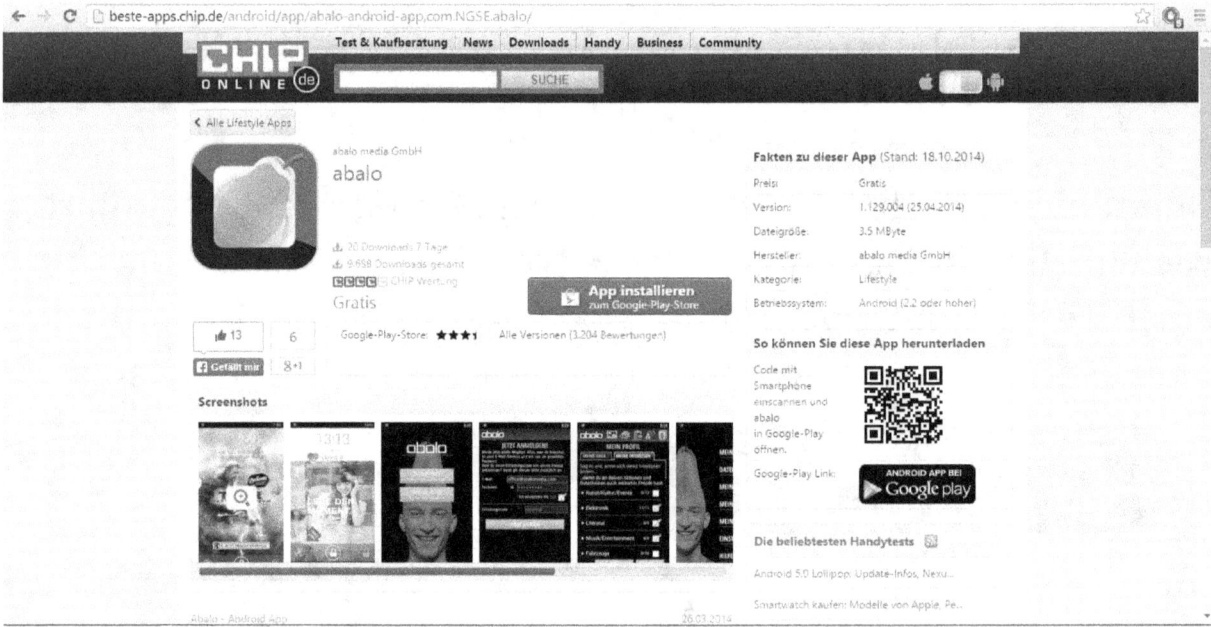

Die App wird für Android angeboten. Bei dieser App verdienen Sie zwar nicht wirklich viel Geld, Sie haben aber auch keine Arbeit damit und Sie können die Einnahmen trotzdem zu Ihren monatlichen Einkünften hinzufügen. In Verbindung mit vielen anderen kleinen Minijobs, kommen Sie schnell zu einem fixen monatlichen Zusatzgeld.

Wie funktioniert das Ganze? Nach der Installation der App erstellen Sie erstmals ein Konto. Ihre Anmeldung wird durch Ihre Handynummer und Ihr E-Mail-Konto verifiziert. Nach der Anmeldung geben Sie Ihre Interessen an. Die Auswahl ist sehr groß, sie erstreckt sich über Reisen, Elektronik, Spielen, Heimwerken, usw. Abalo wird danach bei Ihrem Handy als Live-Hintergrund eingestellt und Sie bekommen bis zu 25 Mal am Tag Werbung auf Ihr Handy geschickt. Die Werbung

verschwindet nach kurzer Zeit wieder und Ihr gewohntes Wallpaper erscheint wieder. Jedes Mal wenn Sie Ihren Bildschirm entsperren, wird eine Werbung geschalten und Geld fließt auf Ihr Konto. Die Werbung ist nicht penetrant und stört nicht wirklich. Sie sollten nur immer genug Speicherplatz auf Ihrem Handy zur Verfügung haben.
Eine Bedingung, Sie müssen mindestens 16 Jahre alt sein, um die App nützen zu können.

Die Idee ist genial, Sie verdienen nebenbei etwas Geld und müssen nichts dafür tun. Sicherlich wird man nicht reich mit diesem Job, aber wie schon gesagt, die Summe am Monatsende, auf die kommt es an.

KAPITEL 3

Mini- oder Mikrojobs für den Computer

Sollten Sie lieber von zu Hause aus arbeiten und es bevorzugen, am Schreibtisch zu sitzen und Ihre Arbeit dort zu erledigen, habe ich auch einige Möglichkeiten für Sie.
Viele Personen setzen sich lieber einige Stunden in ihrer Freizeit zum Computer und verrichten dort ihre Arbeit. Es gibt für alle Ansprüche den passenden Job, wenn Sie Geld verdienen möchten.

Mein erster Tipp für Sie wäre: www.crowdguru.de

Melden Sie sich als Guru an:

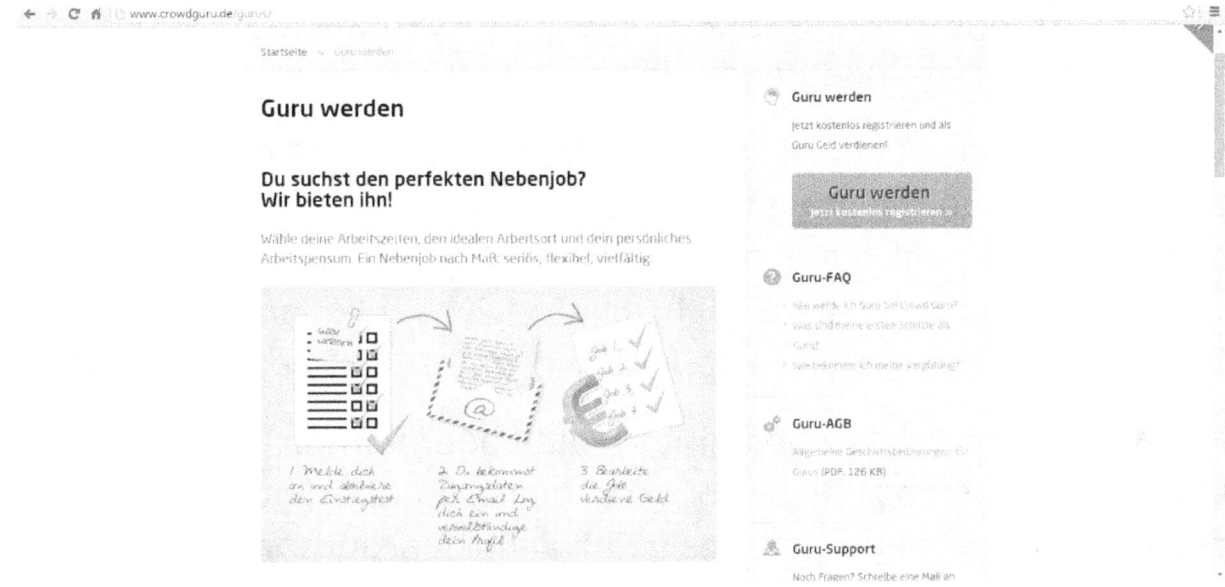

Für welche Personen ist Crowdguru geeignet:

- Recherchieren Sie gerne im Internet?
- Schreiben Sie gerne?
- Bearbeiten Sie gerne Daten?
- Sind Sie mindestens 18 Jahre alt?
- Möchten Sie zusätzlich ein Nebeneinkommen aufbauen?

Wenn ja, ist Crowdguru die richtige Plattform für Sie.

Das besondere an diesem Nebenjob ist, dass Sie nicht nur zeitlich, sondern auch im Hinblick auf Ihren Arbeitsort völlig ungebunden sind, alles, was Sie brauchen, ist ein PC mit Internetanschluss, also ein minimales Home-Office.

Crowdguru bietet Ihnen die Möglichkeit, von zu Hause aus ein Zusatzeinkommen aufzubauen. Sie benötigen nichts außer einen Computer mit Internetzugang und schon können Sie starten. Ein Forum hilft Ihnen am Anfang, sich gut zurechtzufinden und sich mit Gleichgesinnten auszutauschen.

Was genau müssen Sie als Guru erledigen?

Sie werden Adressen und verschiedenen Dokumente recherchieren, Produkte für Onlineshops katalogisieren, Auskunft-Fragen beantworten, kurze Werbetexte schreiben, Produkte für Kataloge beschreiben, Inhalte kontrollieren, usw.

Sobald Sie sich bei der Plattform angemeldet haben, müssen Sie sich einigen Einstiegstests unterziehen. Diese Tests dienen dazu, um Sie richtig einzuordnen, d.h. damit die Plattform weiß, welchen Aufgaben Sie gewachsen sind. Anschließend können Sie die für Sie zugeteilten Jobs durchführen und sofort starten.

Für anspruchsvollere Jobs gibt es die sogenannten Qualifizierungsjobs. Diese müssen einmalig erledigt werden. Für diese Qualifizierungen gibt es zwar keine Vergütung, aber sie schalten viele weitere Jobs im CrowdGuru-Portal frei. Diese Jobs werden dann auch höher vergütet.

Versuchen Sie sich einen Plan zu machen, pro Tag eine gewisse Anzahl von Arbeitsstunden einzuplanen. So ist Ihnen am Ende des Monats ein stolzer Geldzuwachs garantiert.

Crowdguru zerlegt große Aufgaben oder Projekte in kleine Jobs und gibt diese an die vielen Crowd-Gurus zur Erledigung weiter.

Sie haben auch die Möglichkeit bei Crowd-Guru eine SMS Funktion zu nützen. Das heißt, Sie erledigen gewissen Arbeiten per SMS. Sie bekommen eine gewisse Zeit vorgegeben, in der Sie eine Aufgabe zu lösen haben.

Die SMS Gurus qualifizieren sich über einen weiteren speziellen Test mit sechs Beispielfragen, die innerhalb von 20 Minuten beantwortet werden müssen. Es klingt alles ziemlich einfach, aber ich muss Ihnen versichern, Sie werden gefordert sein. Niemand verschenkt etwas, auch hier gilt: geschenkt wird nichts.

Mein nächster Tipp für Sie ist:

www.klickwork.com

Hierbei handelt sich auch um eine sehr vielseitige Seite, bei der viele unterschiedliche Arbeiten angeboten werden. Zu Ihren Aufgaben gehören digital durchführbare Arbeiten, wie zum Beispiel Tätigkeiten aus dem Online-Marketing, Internetrecherche, Texterstellung, Studienerstellung, Datenauswertungen und viele andere Jobs.

Unter dem Menüpunkt JOBS FINDEN können Sie sich alle Jobs ansehen, die zurzeit angeboten werden. Es gibt eine Such-Sortier-Filterfunktion, mit der man problemlos alles ganz genau einstellen kann. Hiermit können Sie Ihre Vorlieben oder Ihre Begabungen eingeben, um die perfekten Jobs für Sie zu finden.

Jede Aufgabe ist mit einer bestimmten Punkteanzahl und einem Abgabedatum gekennzeichnet. Per Mausklick können Sie sich für jede Aufgabe bewerben. Sollten Fragen zu dem Auftrag entstehen, können Sie auch den Auftraggeber kontaktieren.

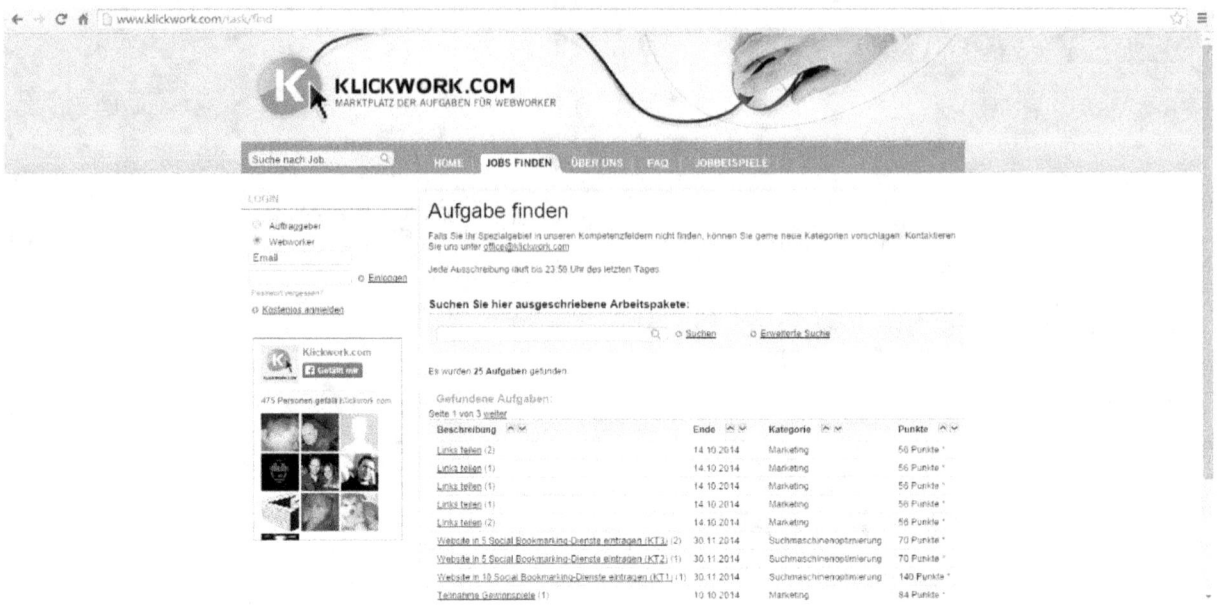

Sie finden alles nach der Anmeldung in Ihrem Menüpunkt MEIN KONTO aufgelistet und müssen abwarten, ob Sie den Auftrag vom Auftraggeber bekommen. Bei Zusage des Auftraggebers bekommen Sie eine Nachricht und Sie können mit der Arbeit beginnen. Ganz einfach erledigen Sie dann Ihre Arbeit und übermitteln die Arbeit an den Auftraggeber.

Achten Sie auf die Abgabetermine und die Qualitätskriterien. Der Auftraggeber kann Ihre Arbeit auch ablehnen und sie mit einer Begründung zur Überarbeitung retournieren.

Sollte der Auftrag angenommen werden, bekommen Sie sofort Ihre Punkte gutgeschrieben. Erledigen Sie alle Arbeiten sorgfältig und genau, denn das macht Ihr Profil aus. Sie werden eine Bewertung von Ihrem Auftraggeber bekommen, die dann wiederum für Ihren nächsten Job wichtig ist.

Wie bei allen Mini- oder Mikrojobs ist auch hier die Masse ausschlaggebend. Sie werden nicht von heute auf morgen reich, aber sollten Sie fleißig sein, kommt schnell etwas Geld zusammen.

Eine weitere tolle Möglichkeit um Geld zu verdienen ist:

www.clickworker.de

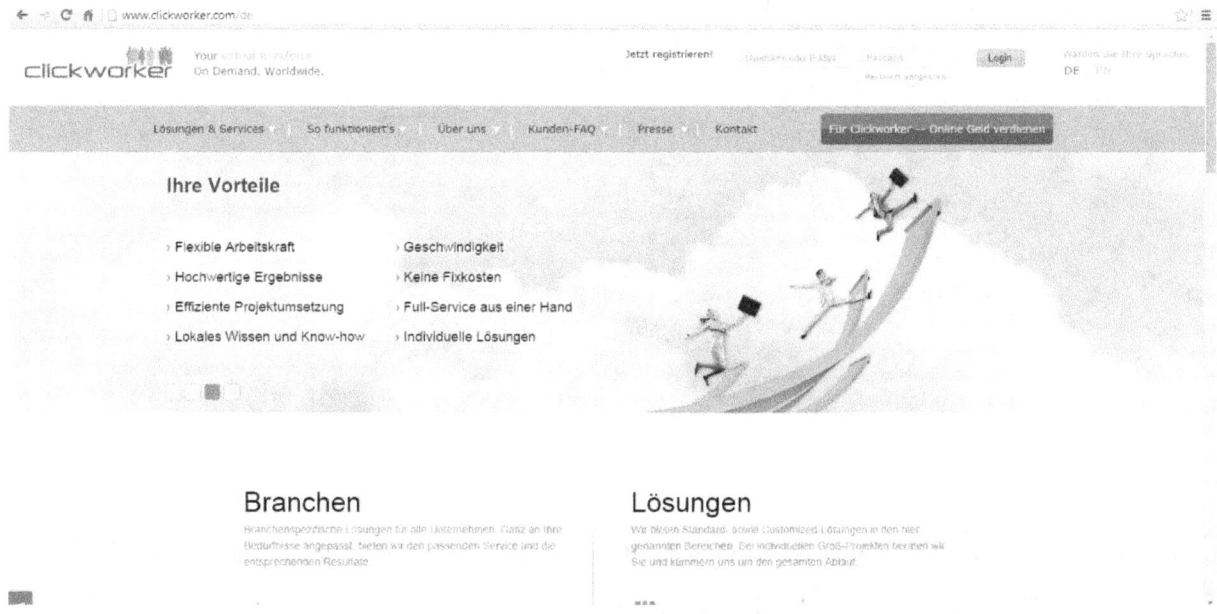

Die Arbeiten auf diesem Jobprotal sind ebenfalls sehr vielseitig.

- Texterstellung: Erstellen und überarbeiten verschiedener Texte, Suchmaschinenoptimierung
- Katalogisierung
- Web- Recherche
- Produktdatenpflege
- Sammeln von Daten, wie Fotos, Adressen mittels Smartphone
- Übersetzungen

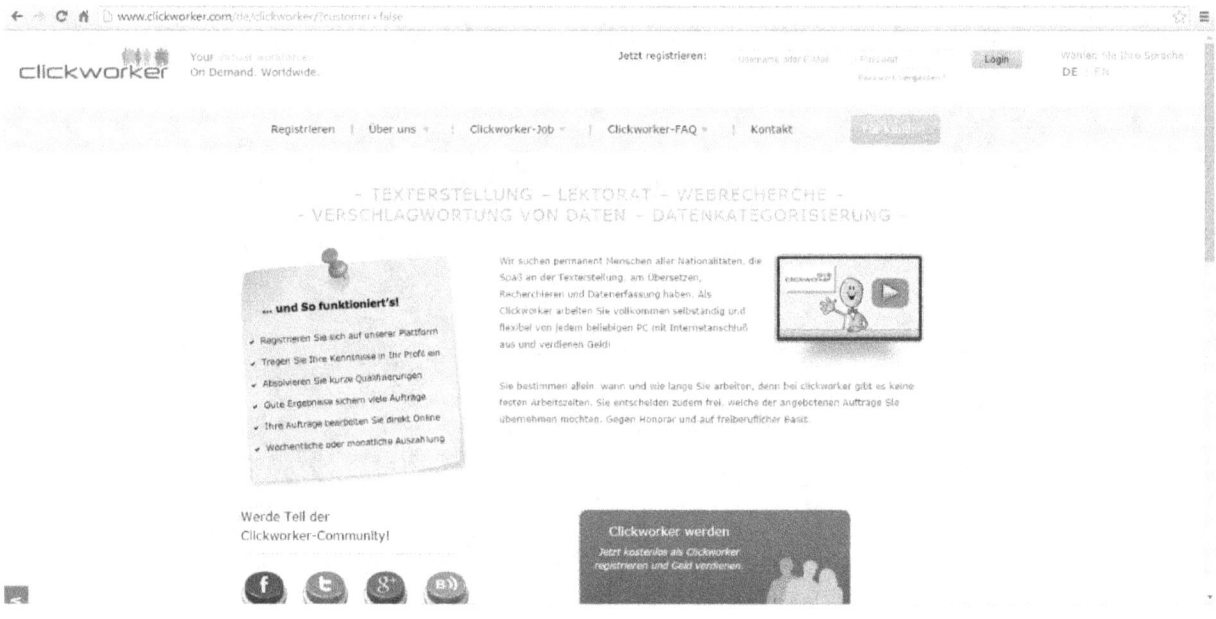

Die sind alles völlig einfache und leicht handhabbare Arbeiten, die man mit ein bisschen Geschick schnell erledigen kann. Auch hier wählen Sie die Arbeiten, die Sie übernehmen möchten, selbst aus. Allerdings steht nicht jedem Clickworker der gleiche Aufgabenpool zur Verfügung. Je nach Einstufung, das heißt je nach Fähigkeit und Geschick, stehen Ihnen eigens für Sie geeignete Jobs zur Verfügung. Durch Arbeitsproben und kurze Tests, persönliche Vorlieben und Fähigkeiten, Ausbildung und Sprachfähigkeit können Sie sich für bestimmte Aufträge qualifizieren. Sie können natürlich auch hier wiederum von Aufträgen ausgeschlossen werden. Die Bezahlung erfolgt pro Auftrag.

Die Bezahlung erfolgt hier auch nach Erledigung des Auftrages. Ein Clickworker verdient umgerechnet in der Stunde 9-10 Euro. Sie können selbstständig aussuchen wo und vor allem wie lange Sie arbeiten möchten. Ganz egal ob Sie Unterbrechungen einplanen oder schnell mal zwischendurch einen Auftrag erledigen, Sie können sich alles selbst einteilen. Noch nie war Geld verdienen so einfach.

Der Einstieg ist leicht und ohne formale Qualifikationen. Die Jobs sind unkompliziert und jederzeit machbar. Auch hier gilt wieder, Volljährigkeit ist Pflicht.

Eine weitere Möglichkeit, um Geld zu verdienen, haben Sie auf dieser Plattform:

www.expertcloud.de

Bei diesen Jobs geht es hauptsächlich ums Telefonieren. Sollten Sie gerne mit Menschen kommunizieren und redegewandt sein, sollte das hier das Richtige für Sie sein. Ganz problemlos von zu Hause aus zu arbeiten, ohne das Haus zu verlassen. Klingt doch gut oder?

Bei diesem Minijob beraten Sie Personen, oder nehmen Kundengespräche an.

Sie melden sich ganz einfach an, erstellen Ihr Profil, welches dann von der Plattform geprüft wird. Anschließend erhalten Sie eine Einladung für ein Ersttelefongespräch. Nach dem Erstgespräch bekommen Sie eine Zusage. Im Anschluss daran reichen Sie alle geforderten Unterlagen ein, die kurz geprüft werden und schon kann es los gehen. Es erfolgt eine kurze

Basiseinschulung, die Sie darauf vorbereitet, was Ihre Aufgaben sein könnten. Alles ganz einfach und problemlos von zu Hause aus. Sie können sich hier fixe Stunden vornehmen, an denen Sie es bevorzugen zu arbeiten. Telefonieren Sie zum Beispiel Montag zwischen 9-13 Uhr oder Dienstag zwischen 18- 22 Uhr, machen Sie einen Tag frei, ganz wie es Ihnen gefällt.

Eigenständig arbeiten:

Die Arbeiten selbst bestimmen.

Mehr Leistung.

Höherer Verdienst.

100% pünktliche, detaillierte Abrechnung.

Die nächste Seite, die ich Ihnen vorschlage, um Ihr Taschengeld aufzubessern, ist:

http://www.gprofit.de/

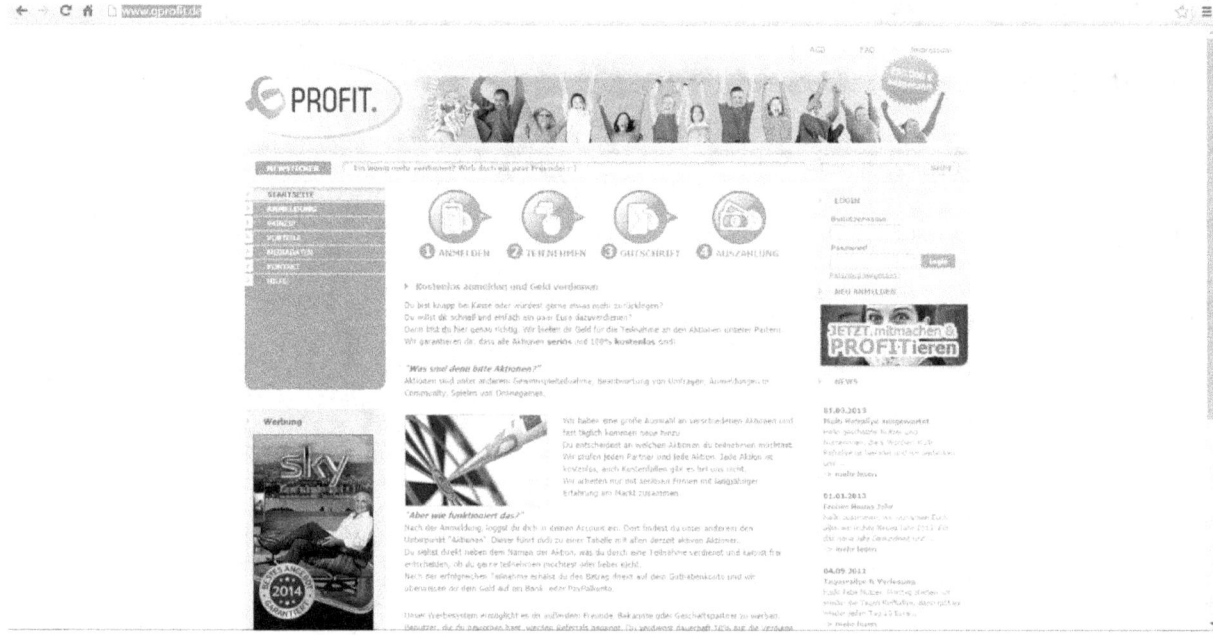

Diese Plattform bietet recht umfangreiche Aktionen an. Die Minijobs gehen von Gewinnspielteilnahmen, dem Beantworten von Umfragen, Community-Anmeldungen bis zu Spielen und Online-Games. Die Plattform nennt diese Jobs Aktionen.

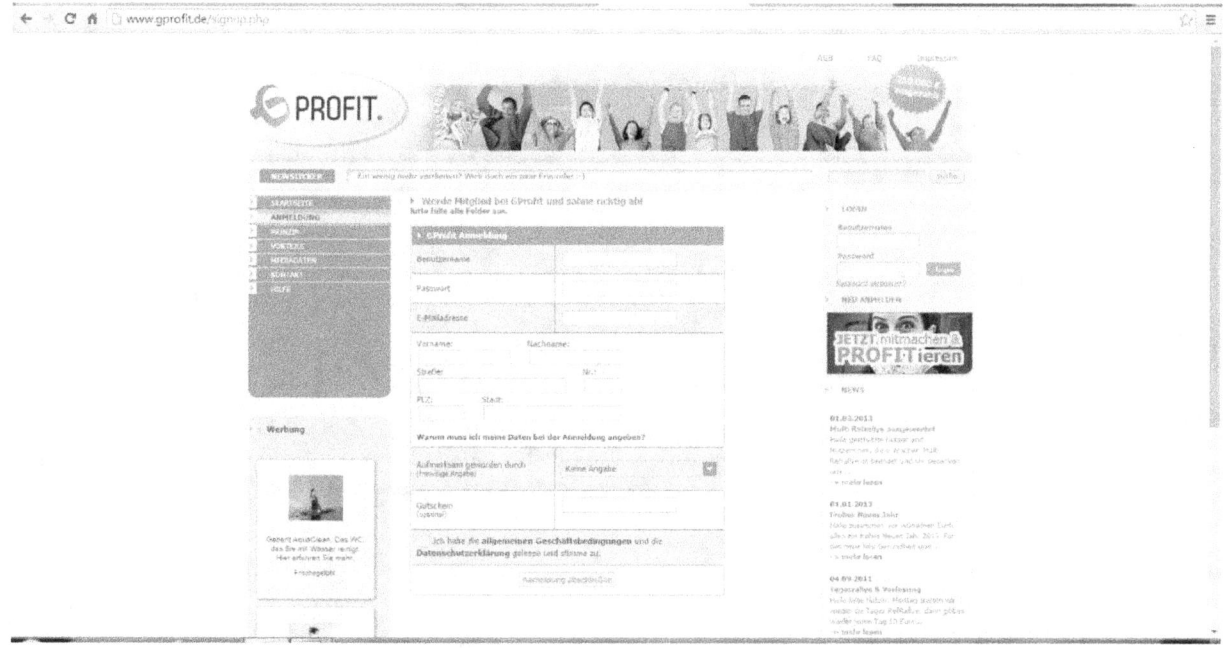

Nach der Anmeldung und der Aktivierung Ihres Accounts können Sie sofort beginnen. Sie sehen direkt neben der Aktion wie hoch die Vergütung für diesen Job ist. Somit können Sie frei entscheiden, ob es für Sie lukrativ ist, oder nicht.

Auch auf dieser Plattform gibt es ein Bonusprogramm. Mit diesem bekommen Sie pro geworbenen Neueinsteiger 10% Vergütung. Das heißt, Sie bewerben Neukunden und bekommen 10% von deren Umsatz. Klingt doch gar nicht mal so schlecht, oder?

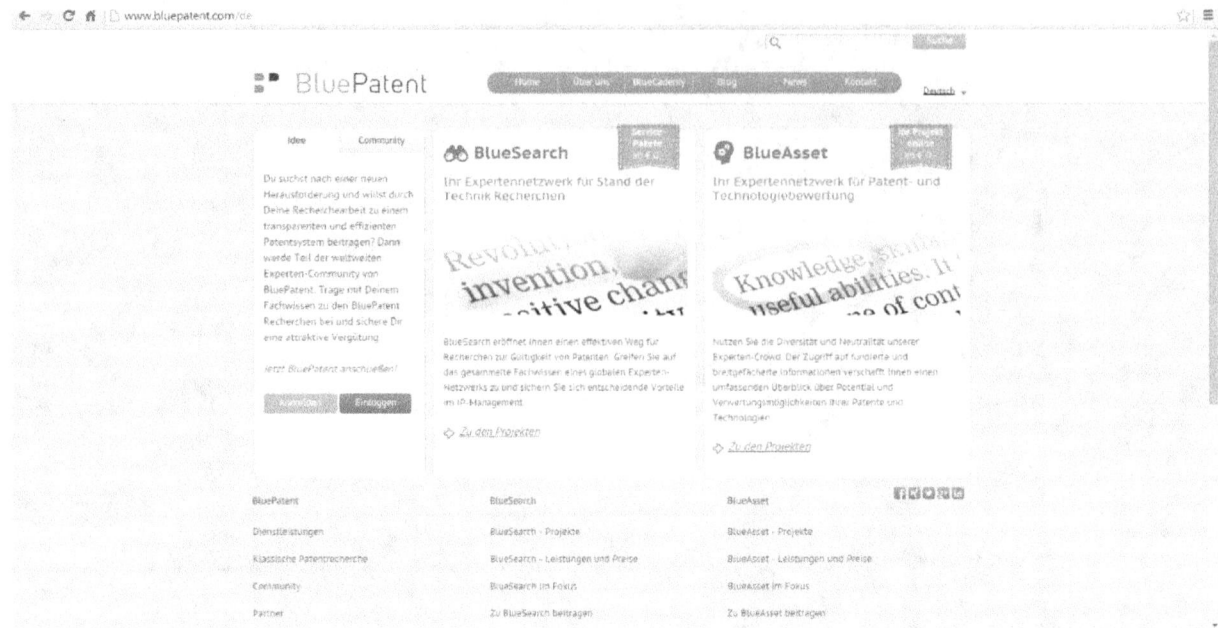

www.bluepatent.de

www.bluepatent.com

Bei Bluepatent handelt es sich um Minijobs, die nach Recherche verlangen. Sollten Sie gerne im Internet recherchieren, oder sich gerne informieren, um Ihr Wissen aufzubessern, sind Sie bei diesen Jobs genau richtig.

Sollten Sie besondere Fähigkeiten haben oder ein besonderes Fachwissen besitzen, werden Sie hier gerne aufgenommen.

Man bekommt auf dieser Plattform Punkte für gewisse Leistungen, um in der Rangliste voran zu kommen. All das trägt zu einer besseren Vergütung bei. Die Firma Bluepatent hatte zwischenzeitlich finanzielle Probleme und startet 2014 wieder neu durch.

Wenn Sie die Plattform durchforsten werden Sie feststellen, dass diese Art der Arbeit sicherlich nicht für jeden geeignet ist, da hier spezielle Anforderungen gestellt werden. Aber ich bin mir sicher, Sie werden hier in diesem Ratgeber sicherlich das passende für Sie finden.

KAPITEL 4

Schreibjobs für den Computer

Wer schreibmäßig gut drauf ist, kann sich natürlich gleich für sogenannte Textjobs bewerben. Diese Art von Minijobs beinhalten hauptsächlich Schreibarbeiten. Eine Plattform die solche Minijobs anbietet ist www.textbroker.de

Textbroker ist die weltweit führende Onlineplattform

Textbroker ist die weltweit größte Onlineplattform für Texte. Wenn das Schreiben Ihre Leidenschaft ist und Sie nichts lieber tun, als Texte zu verfassen oder zu korrigieren, dann ist das hier die richtige Plattform für Sie.

Auf dieser Plattform registrieren sich monatlich mehrere tausende Auftraggeber, die Ihre Textarbeiten auslagern wollen. Sie finden hier Blog-Einträge, Produktbeschreibungen oder verschiedenen Fachartikel. Es liegt Ihnen frei, wann und wie viel Sie schreiben, machen Sie Ihre Texte zu Geld. Melden Sie sich an und schon können Sie sich aussuchen, zu welchem Thema Sie Ihre Texte verfassen wollen. Es gibt haufenweise

Firmen, die Texte zu einem bestimmten Thema suchen. Hier können Sie Ihre Erfahrungen und Ihre Vorlieben hervorragend präsentieren. Sie können über Ihr Wissen und über Ihre Vorlieben schreiben.

Bewerben Sie sich für einen Job, sobald Sie den Zuschlag bekommen haben, kann es schon losgehen. Die Themenbereiche sind wirklich sehr vielfältig. Die Jobs beziehen sich vom Thema Wirtschaft bis zu Sport oder privaten Vorlieben. Sie werden sicherlich etwas Passendes für sich finden.

Hier ein kleiner Auszug aus der Vielfältigkeit die hier angeboten wird.

Nach Beendigung der Arbeit fließt das Geld direkt auf Ihr Plattformkonto. Bezahlt wird nach geschriebenem Wort. Die Wortanzahl des Artikels wird vom Auftraggeber vorgegeben. Bei einer Summe von 10 Euro bekommen Sie auch schon Ihr Geld ausbezahlt. Es besteht kein verpflichtendes Schreiben, das heißt Sie nehmen einen Auftrag nur an, wenn Sie Zeit und Lust dazu haben.

Anfänglich bekommen Sie eher einfache Aufträge, mit zunehmender positiver Bewertung werden Ihnen auch die wirklich lukrativen Schreibjobs angeboten. Je genauer und fleißiger Sie sind, umso mehr positives Feedback werden Sie bekommen.

Gute Autoren, die schon länger auf dieser Plattform registriert sind, bekommen auch immer wieder Direktaufträge von Auftraggebern angeboten. Also zahlt es sich wirklich aus, sich Mühe zu geben und nur einwandfreie Texte anzubieten.

Es zahlt sich auch aus, mehrmals am Tag bei textbroker nach Aufträgen zu suchen. Die Minijobs werden mehrmals täglich aktualisiert. Kopieren Sie niemals Texte oder andere schriftliche Aufträge. Es wird genauestens geprüft, ob das Urheberrecht nicht verletzt wird.

Die nächste Plattform, die ebenfalls für Textarbeiten zuständig ist und so ähnlich funktioniert wie textbroker ist

www.de.textmaster.com

www.textmaster.com

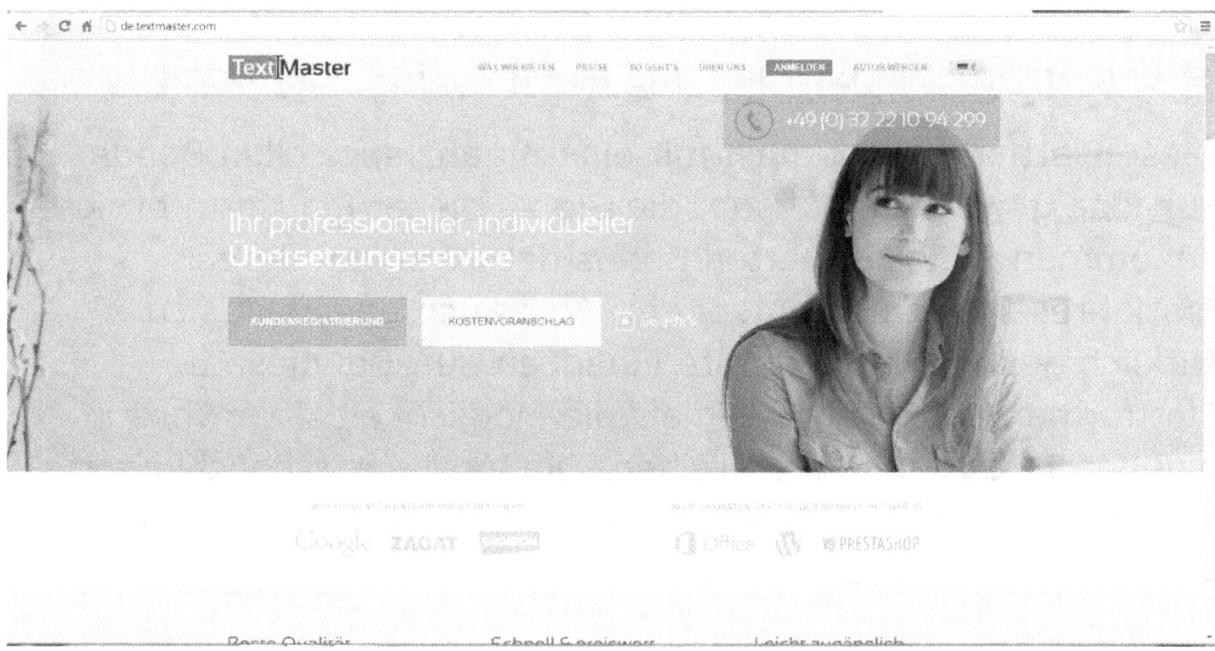

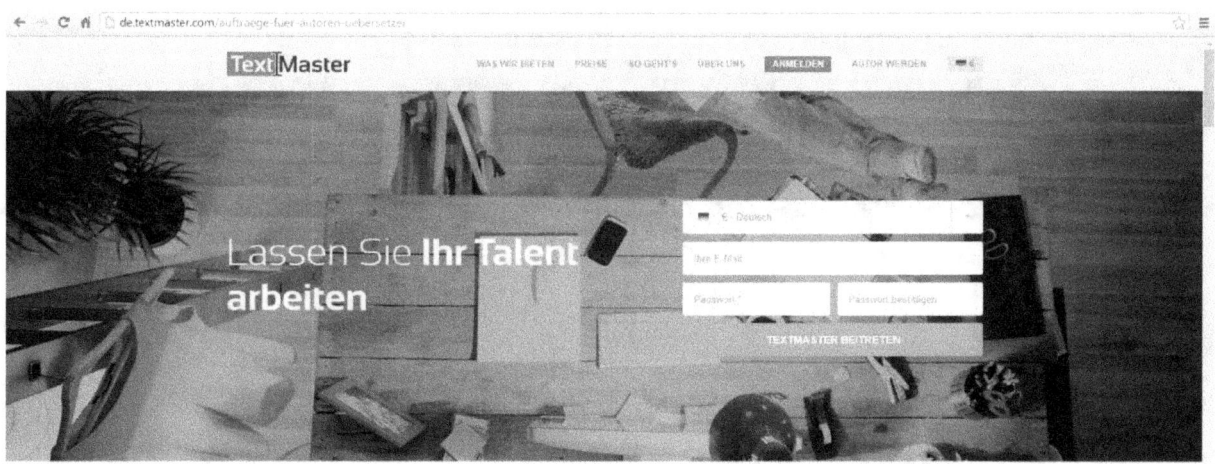

Sollten Sie gerne schreiben und jeden Tag einige Minuten oder Stunden Zeit haben, ist diese Plattform wiederum perfekt für Sie. Der Vorteil dieser Art von Arbeit ist, dass Sie diese Arbeit überall und immer erledigen können. Ganz egal, ob Sie gerade auf Urlaub sind, oder unter der Woche einige Nachmittage frei haben. Es eignet sich wirklich hervorragend zum Geldverdienen zwischendurch. Das einzige was, Sie auch hier wieder brauchen ist eine Internetverbindung und einen Laptop oder Computer.

Diese Plattform wirbt auch mit einem ganz speziellen Bonus. Für jede geworbene Person, die Sie zu dieser Plattform bringen, bekommen Sie einen fetten Bonus der 10% von deren Erstjahreseinnahmen entspricht. Also auch das zahlt sich wirklich aus und bessert Ihre Finanzen auf. Bei diesen Plattformen haben Sie erstmals die Möglichkeit, über Ihre eigenen Interessen zu schreiben. Die Verdienstmöglichkeiten sind wirklich nicht schlecht, Sie erreichen relativ bald einen Wortverdienst von bis zu 13,60 Cent.

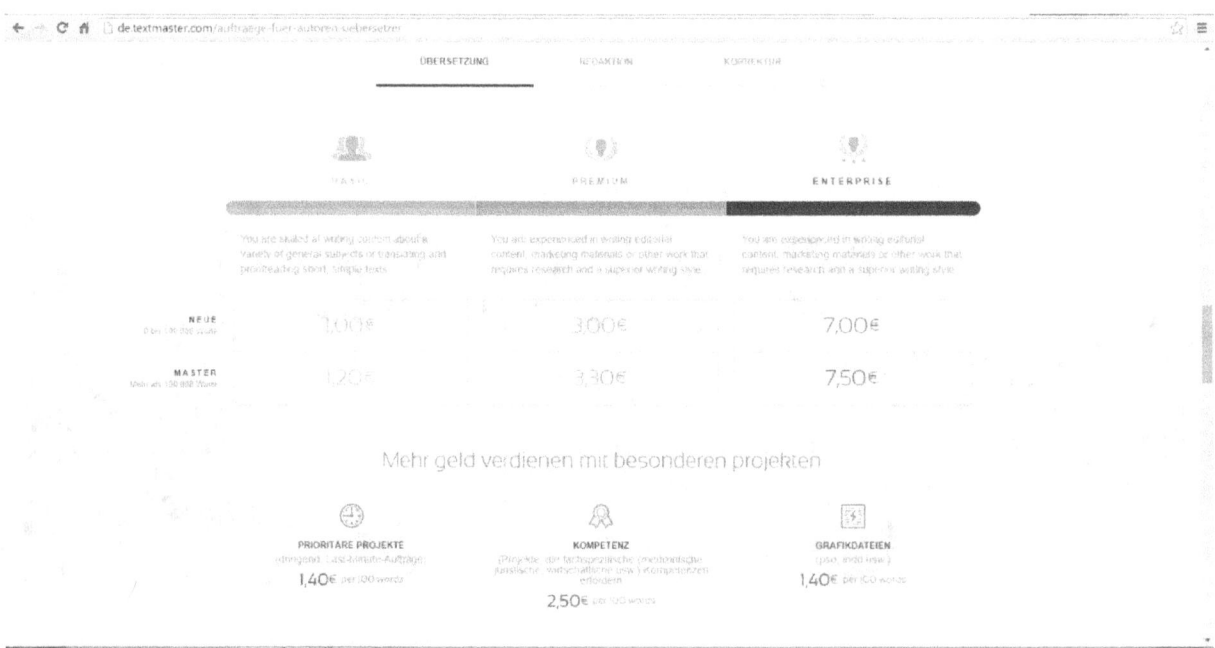

Hier herrscht ein spezielles Einstufungsmodel, nach dem Sie auch regelmäßig höhere Summen verdienen können. Lesen Sie sich die Einstufungen genau durch, da es immer unterschiedliche Verdienstmöglichkeiten gibt.

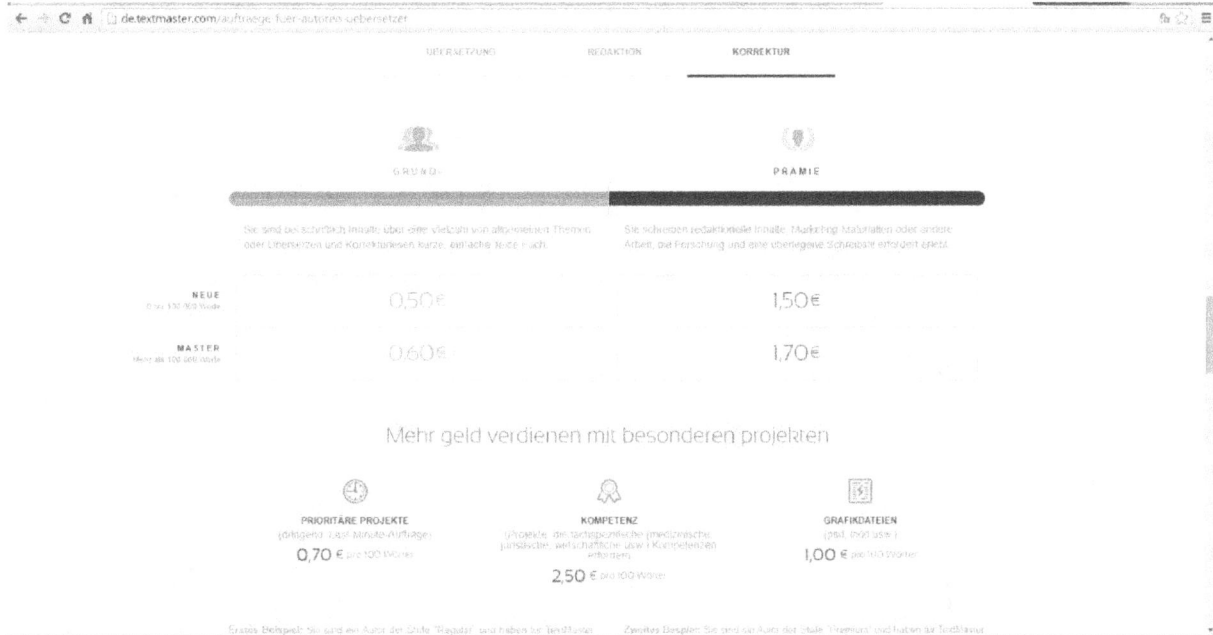

Die Plattformen sind wirklich umgänglich. Sie werden sich relativ schnell zurechtfinden und schon können Sie mit dem Geld verdienen starten.

Vergessen Sie bitte niemals, die Menge macht das Geld, das ist bei diesen kleinen Mini- und Mikrojobs immer der Fall.

Die nächste Plattform, die ich für Sie gefunden habe, ist ebenfalls für Schreiberlinge geeignet.

www.content.de/autoren

Auch bei dieser Plattform können Sie Mini- oder Mikrojobs finden. Sie haben die Möglichkeit bis zu 10 verschiedenen Jobs zu reservieren und diese dann Job für Job abzuarbeiten. Dies zahlt sich besonders aus, sollten Sie an einem Tag mehrere Jobs finden, die für Sie geeignet sind.

Ihre Vorteile im Überblick:

Tägliche Auszahlung (sofern die Auszahlungsgrenze 10 Euro erreicht).

Lukrative, faire Vergütung.

Kompetente Betreuung.

Profiseite mit Bild und persönlichen Informationen für eine vertrauensfördernde Eigendarstellung.

Reservierung von bis zu 10 Aufträgen.

Status „vertraut" für schnelle Auftragsabwicklung.

Anschauliche, grafisch aufbereitete Statistiken.

KAPITEL 5

Mikrojobs für Fotofreunde

Sollten Sie gerne fotografieren, gibt es auch für Sie einige lukrative Möglichkeiten, um Geld zu verdienen. Viele Personen wissen gar nicht, dass sie mit ihren alten, verstaubten Fotos, die sie zufällig mal geschossen haben, wirklich Geld verdienen können. Sollten Sie gerne fotografieren, haben Sie sicherlich viele Fotos auf Ihrer Festplatte, die Sie zum Verkauf anbieten können. Im Internet gibt es einige Plattformen, die immer wieder gerne interessante Fotos, teuer bezahlen.

Eine dieser Plattformen ist: www.aboutpixel.de

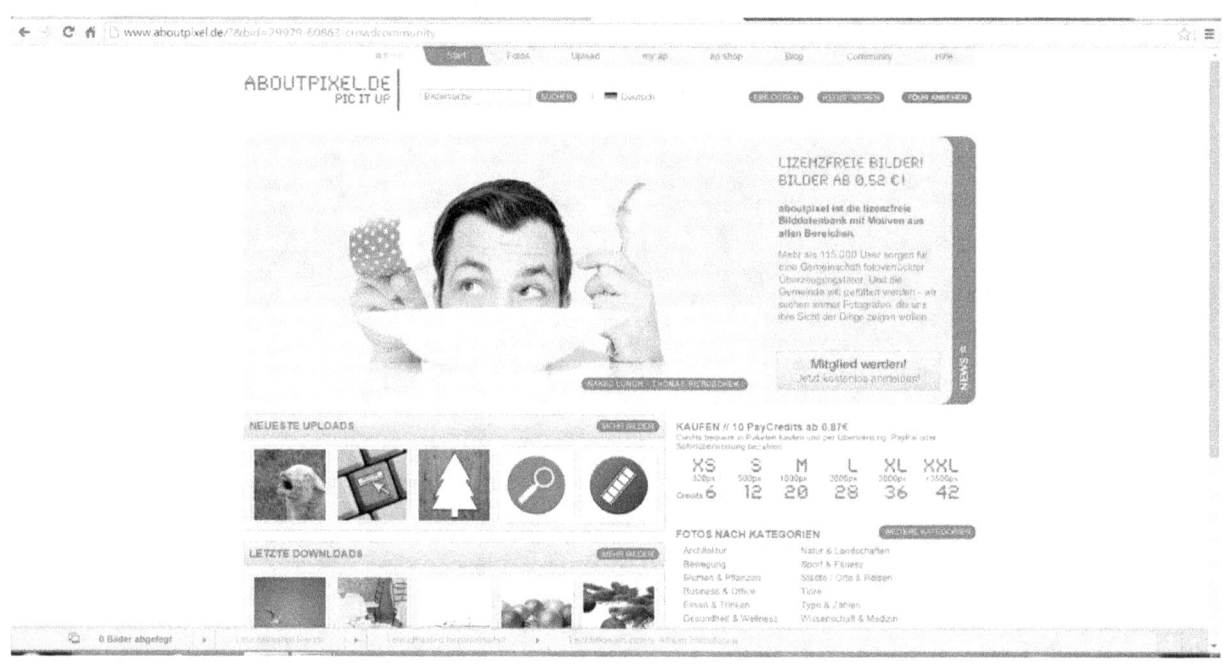

http://www.aboutpixel.de/?&bid=29979-60863-crowdcommunity

Bei Aboutpixel werden einige Kriterien beim Anbieten der Fotos geprüft:

Ob das Motiv passt, ob die Verwendung gegeben ist.

Rechtlich in Ordnung (keine Markenlogos auf den Bildern)

Bildausschnitt (Eindruck)

Technische Qualität, Schärfe, Kontrast)

Größe und Auflösung

Belichtung

Eine weitere Plattform die Fotos kauft ist: www.fotolia.de

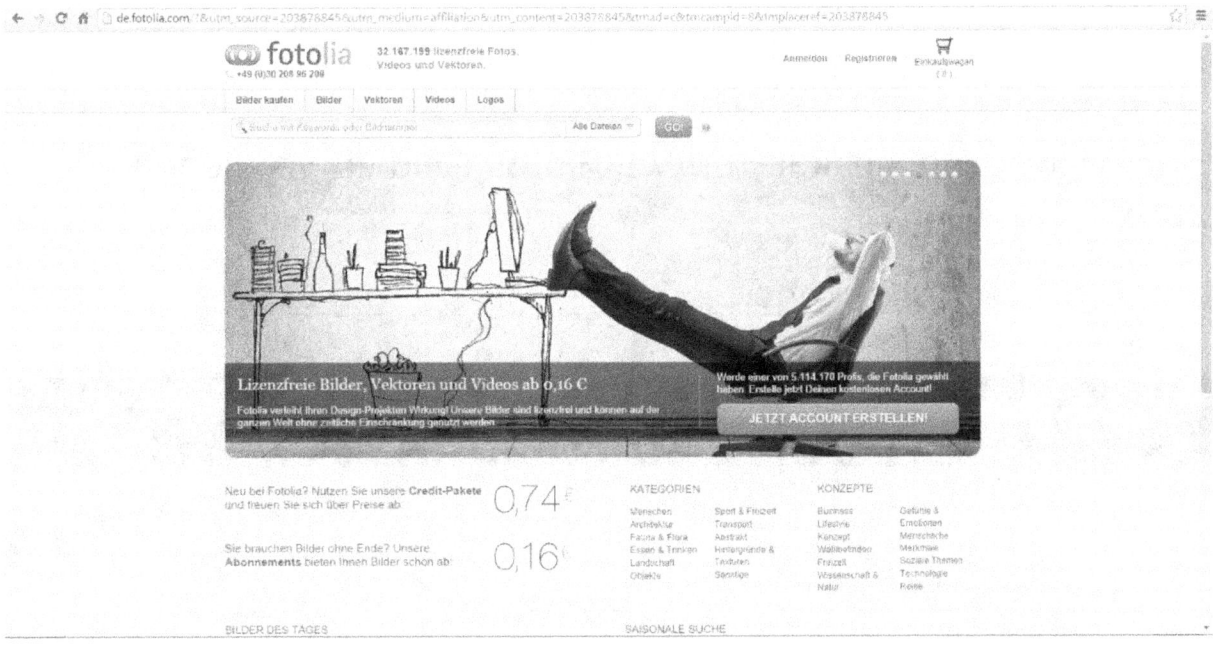

Fotolia ist eine international tätige Plattform. Sie handelt mit lizenzfreien Fotos, Grafiken und Videos. Der Datenbestand auf Fotolia liegt bei ungefähr bei 30 Millionen Bildern und anderen Multimediaprodukten.

Um die Bilder verkaufen zu können, müssen Sie sich mit Name, Adresse und gültiger E-Mailadresse anmelden. Ein Vorweis eines amtlichen Ausweises (z.B.: Führerschein) ist auch erforderlich. Sollten Sie Ihre Bilder bei Fotolia verkaufen, ist es Ihnen untersagt, dieselben Bilder anderweitig zu verkaufen.

Die Verkaufspreise werden von Ihnen selbst nach den Richtlinien von Fotolia bestimmt.

Es gibt sicherlich viele Motive schon unzählige Male, aber trotzdem herrscht immer wieder große Nachfrage nach neuen, besonderen Bildern. Manchmal ist es nur ein Schnappschuss, der das gewisse Etwas hat, es kann das besondere Licht oder ein besonderer Hintergrund sein, der Ihr Bild zu einem ganz besonderen Bild werden lässt.

Auch hier gilt wieder wie bei allen Mikrojobs, die Menge macht es aus.

Eine weitere Möglichkeit, um mit Fotos Geld zu verdienen, wäre:

http://deutsch.istockphoto.com/sell-stock-photos.php

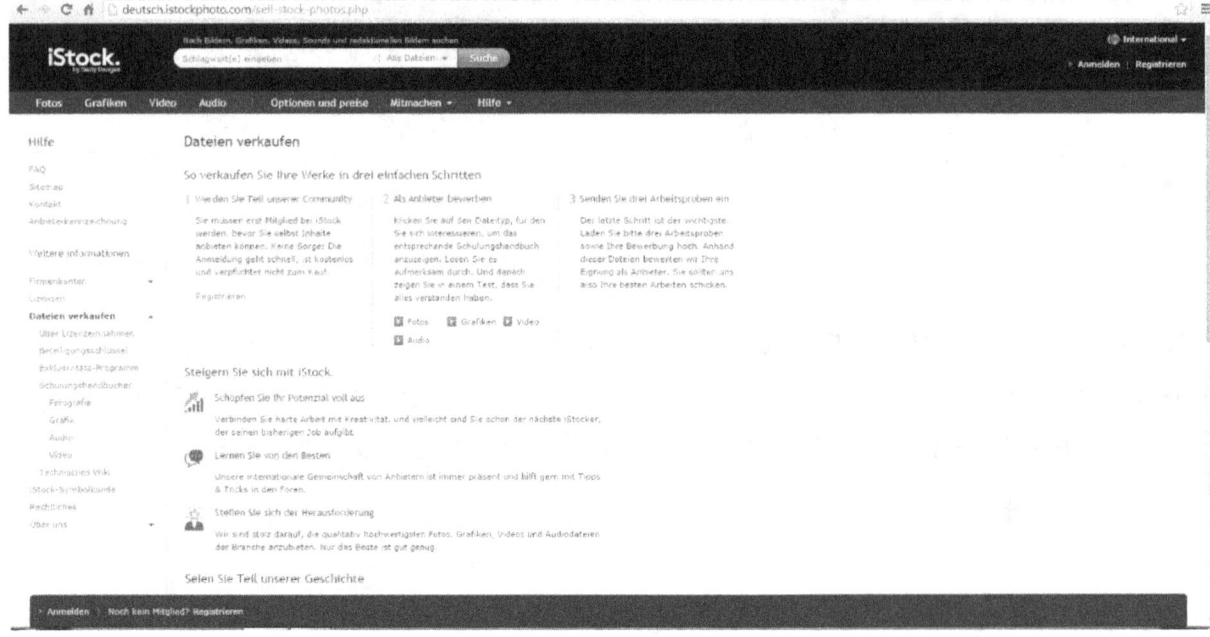

IStock begann als Tauschbörse für Fotos, mittlerweile ist es eine tolle Fotoplattform mit leistbaren Preisen.
Die Plattform bietet lizenzfreie Fotos, Grafiken, Videos und Audiodateien an. Die Seite ist relativ einfach und übersichtlich strukturiert.

Die Entlohnung erfolgt auf Basisbeteiligung von 15% für jede über iStock heruntergeladene Datei. Als exklusiver Anbieter können Sie bis zu 45 % verdienen.
Exklusivanbieter haben nicht nur den Vorteil, besser bezahlt zu werden, Sie werden auch bei der Listung bevorzugt.

KAPITEL 6

Minijobs für Software- und Appfreunde

Werden Sie Tester für neue Apps und neue Webseiten. Das hört sich doch fantastisch an. Für alle Personen, die sich gerne mit Spielen, Apps, oder anderer Computersoftware gerne beschäftigen, ist diese Seite ein Geschenk.

https://www.exprest.com/Tester

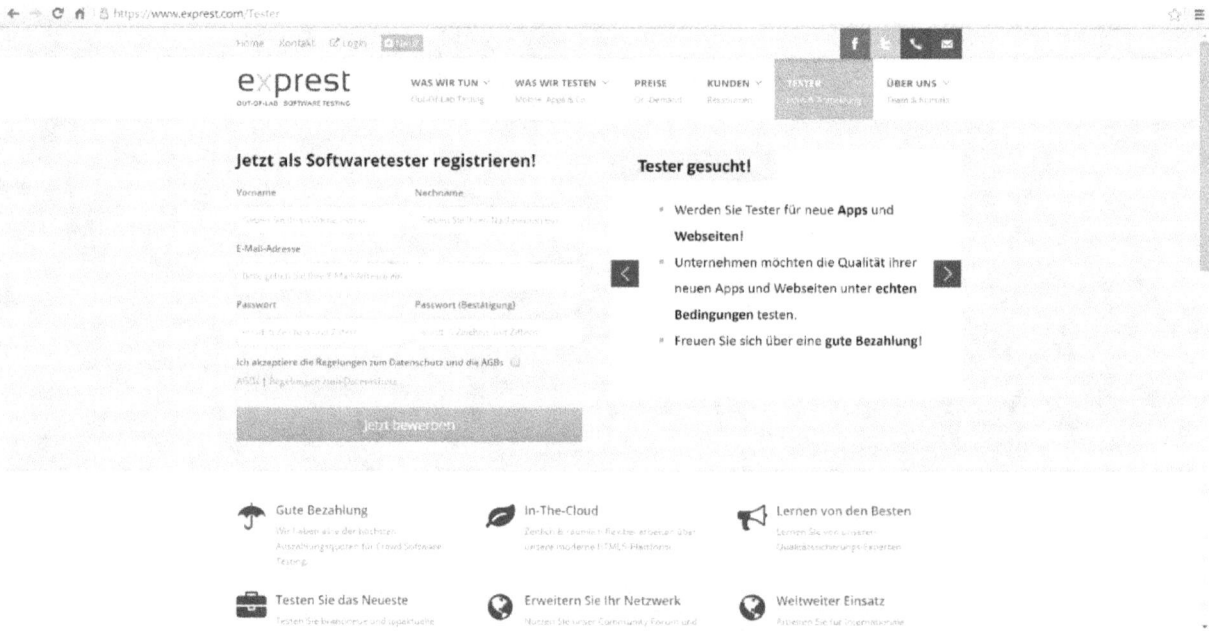

Viele Unternehmen testen gerne Ihre Apps und Programme unter echten Bedingungen, bevor sie auf den Markt kommen.

Jede Woche werden neue Smartphone-, Tablet- oder Browserversionen veröffentlicht. Benützer möchten für Ihre Käufe eine bestmögliche Funktion, ohne Abstürze und ohne weitere Probleme. Unternehmer können durch das sogenannte „Crowdtesting" sichergehen, das alles so funktioniert, wie es auch sollte.

Hier kommen Sie ins Spiel. Diese Plattform bietet qualifizierten Testern die Möglichkeit, an bezahlten Testläufen mitzumachen, an. Freuen Sie sich über eine gute Bezahlung. Die Auszahlung erfolgt über PayPal oder Bankkonto. Die Bezahlung beträgt 2,50 bis 12 Euro pro Auftrag. Für spezielle Testläufe kann die Summe auch deutlich höher sein.

Eine weitere Testseite für Apps und Webseiten wäre:

http://Nest.testbirds.com

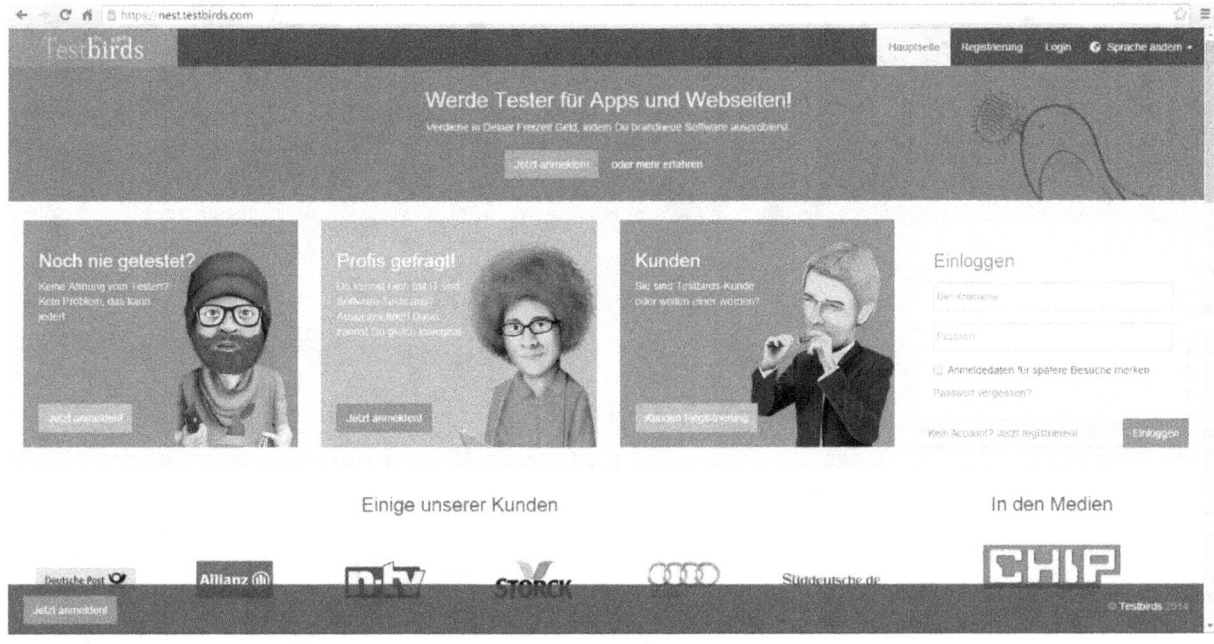

Auch auf dieser Plattform werden Apps, Spiele oder andere Elektrogeräte getestet. Hier können Sie ganz einfach Geld mit Ihrer Meinung verdienen. Die Bezahlung ist überdurchschnittlich, denn bei einem Auftrag können bis zu 15 Euro drinnen sein. Für zusätzliche Fehler, die man im Projekt findet, gibt es Extrageld. Sie brauchen nichts anderes, als ein internetfähiges Gerät und schon können sie sich als „bird" registrieren.

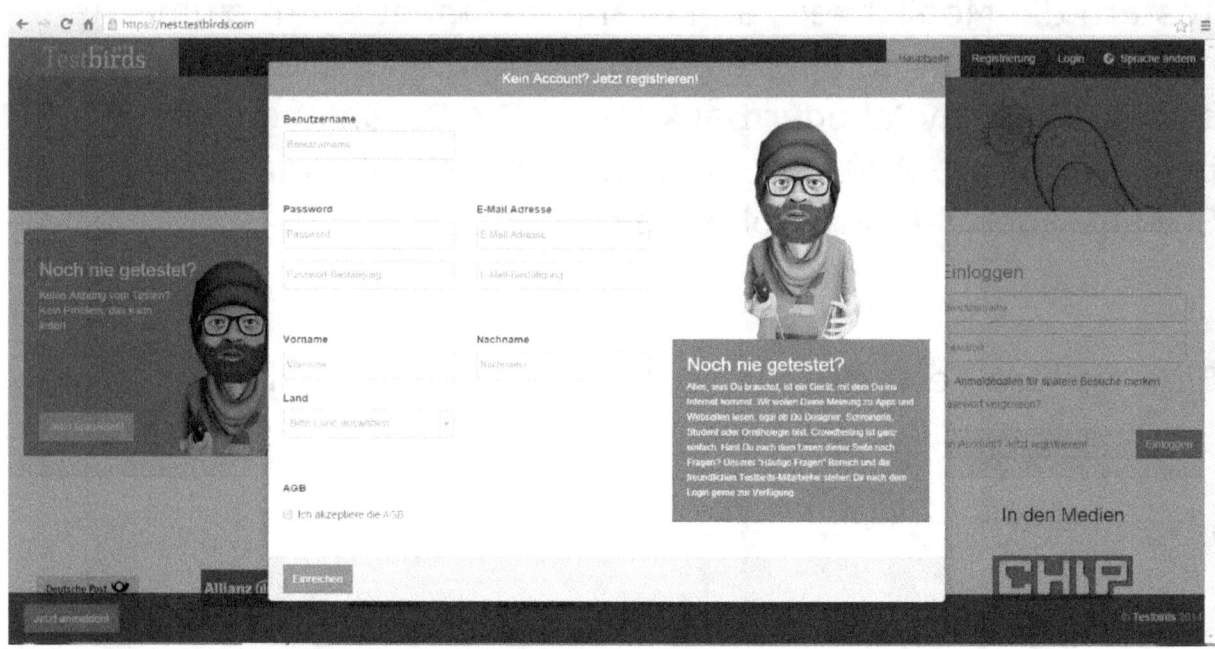

Weiter geht's mit folgender Seite:

www.testcloud.de/tester

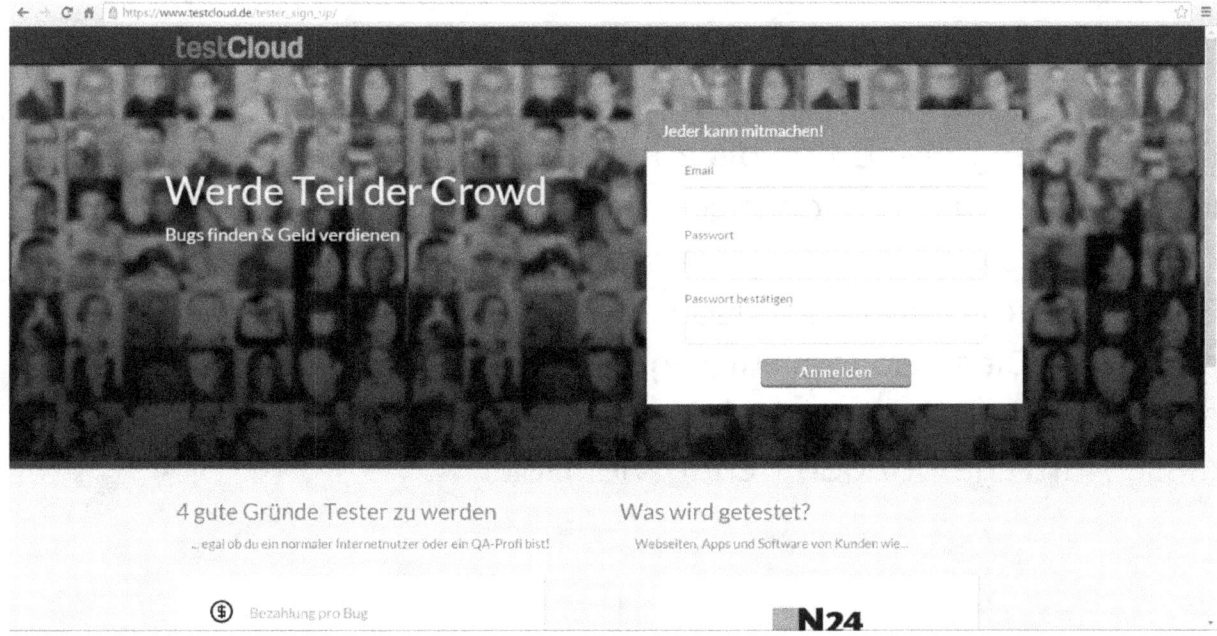

Auch hier werden Apps, Webseiten, sowie Software von verschiedenen Kunden getestet. Diese Art von Arbeit ist für jede Person machbar. Menschen mit einem technischen Verständnis sind natürlich klar im Vorteil.

Es gibt zwei verschiedene Arten von Aufträgen. Begrenzte und unbegrenzte Testläufe.

Aufträge mit begrenzter Aufnahmeanzahl haben einen durchschnittlichen Gewinn von 0,5- 5 Euro pro Aufgabe. Man sollte sich schnell anmelden und schnell starten, da die Aufträge ansonsten vergeben sind. Offene Aufträge sind Aufträge, an denen zwar jede Person teilnehmen kann, man aber erst Geld sieht, wenn man Fehler gefunden hat.

Sie müssen sich einfach die Plattformen durchschauen, welche Art der Arbeit für Sie in Frage kommt. Geld verdienen kann man mit allen diesen Portalen.

Noch ein wenig zu den Spezialaufträgen. Spezialaufträge werden in der Regel sehr gut vergütet. Da bekommt man schnell mal 100 Euro für einen Spitzenjob. Bei diesen Spezialangeboten handelt sich um Testungen verschiedenster Produkte.

So ein Auftrag handelte von einer Probefahrt. Die Anmeldung an dieser Plattform war für mich als Tester natürlich kostenlos. Das Fahrzeug stand mir bis zu zwei Stunden zur Verfügung und ich musste einige Fragebogen dazu ausfüllen. Der Job brachte mir 50 Euro ein und einige zusätzliche Euros für das finden von Fehlern. Dieser Job war also wirklich lukrativ und hat Spaß gemacht. Diese Sonderaufträge gibt es zwar nicht alle Tage, aber man sollte immer auf der Suche nach ihnen sein, denn diese Aufträge bringen richtig viel Geld.

KAPITEL 7

Mikrojobs für Designwettbewerbe

Mein nächster Tipp betrifft jetzt alle Designer oder alle Personen, die sich gerne kreativ ausleben.

http://www.designenlassen.de/designer-jobs

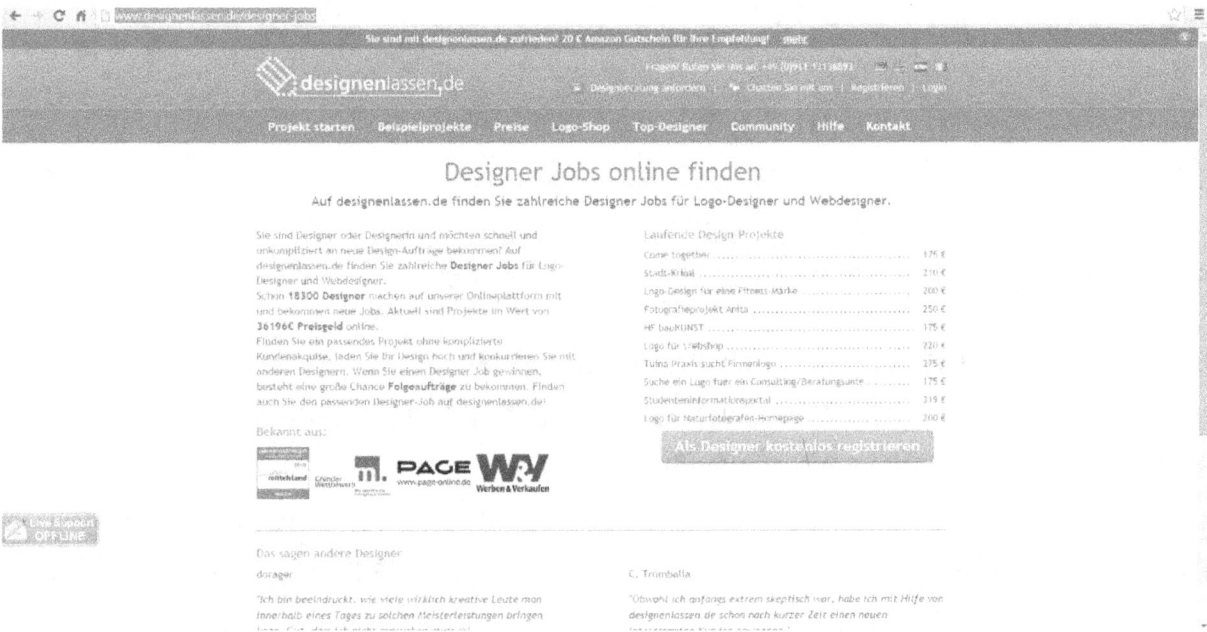

Diese Plattform bietet kreativen Personen eine hervorragende Möglichkeit, sich kreativ zu betätigen. Sie können schnell und unkompliziert Designeraufträge erledigen. Hier gibt es viele Logodesign oder anderwärtige Webdesignaufträge. Die Bezahlung ist sehr lukrativ und es zahlt sich wirklich aus, diese Aufträge auszuführen. Einige Aufträge, die es zurzeit gibt wären: Logo-Design, Visitenkartenentwürfe, Werbebannerentwurf, Namensfindungen, usw.

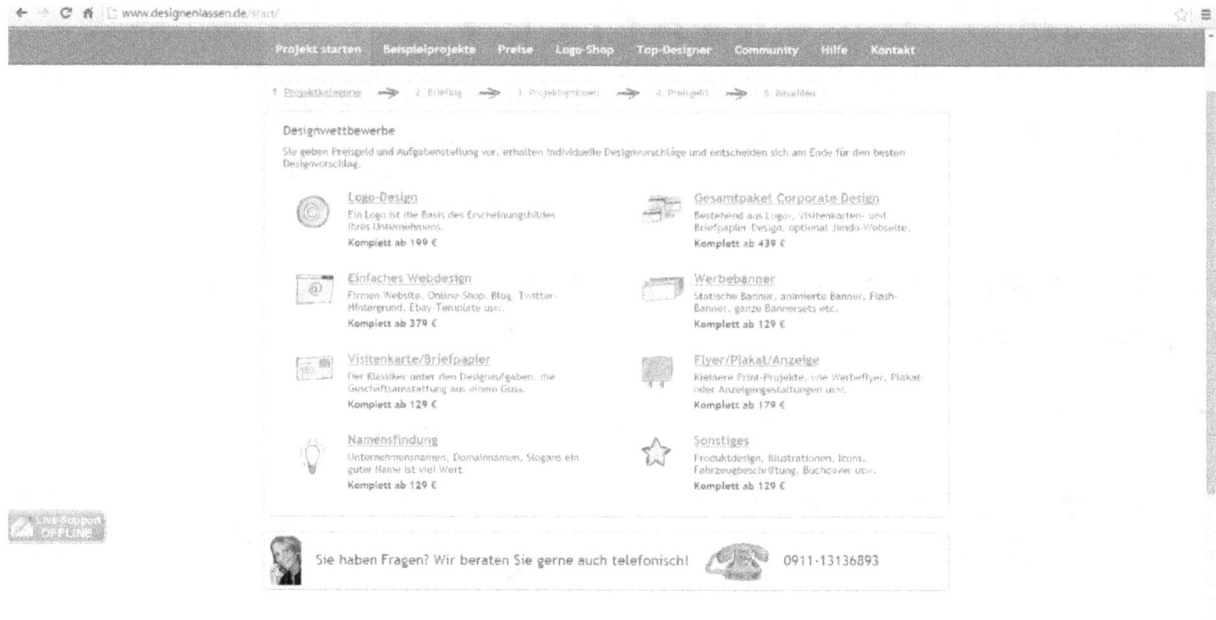

Ein Beispiel für so einen Auftrag wäre:
Friseurkette sucht Namenslogo. Bezahlung 310 Euro.

Bitte vergessen Sie nur eines nicht, hier geht es um einen Wettbewerb, nur der Gewinner bekommt den Zuschlag. Sie können auch jederzeit einsehen, wieviel Mitbewerber gerade an diesem Auftrag arbeiten. Trotzdem zahlen sich diese Aufträge aus, man erhält nicht immer den Zuschlag, aber die Bezahlung ist wirklich gut.

Die nächste Plattform die ähnliche Aufträge anbietet ist eine Österreichische Plattform:

http://www.brandsupply.at/

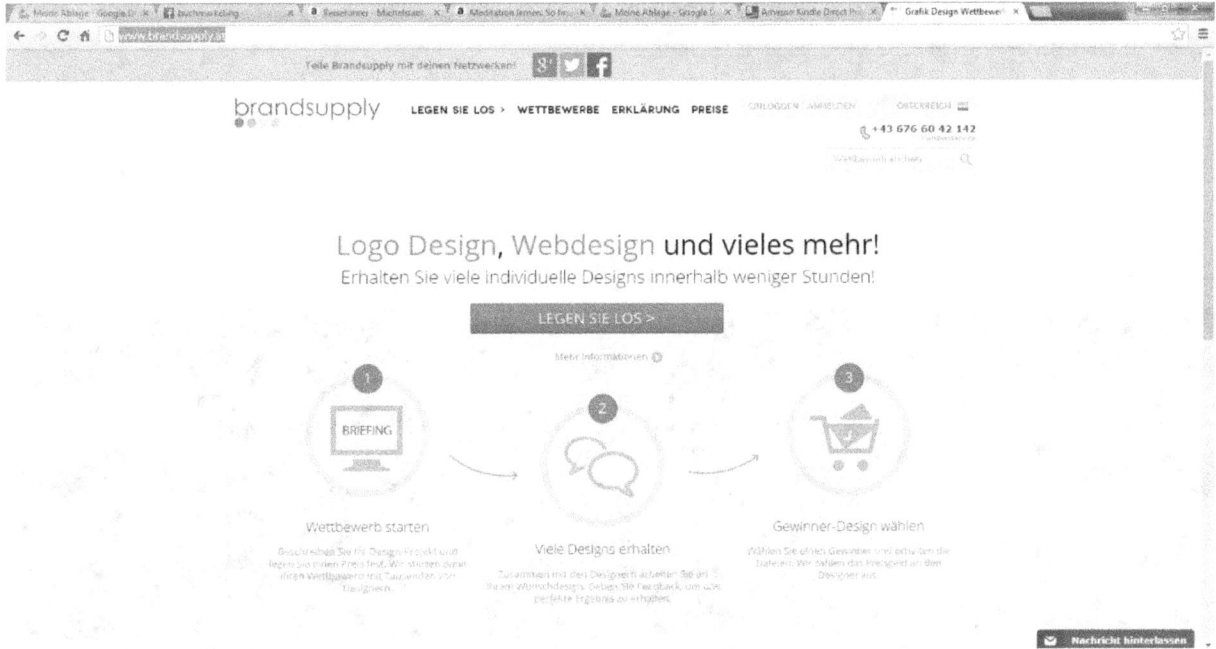

Melden Sie sich einfach an, oder schreiben Sie an die Plattform um sich näher zu informieren.

Der nächste Tipp handelt von Webdesign. Es gibt so viele Leute, die wirklich eine tolle Hand für solche Dinge haben, es jedoch nicht beruflich verwenden können. Bei dieser Art der Arbeit können Sie Ihre kreative Ader und Ihre Erfahrung im Webdesign ausleben.

https://99designs.de/designers

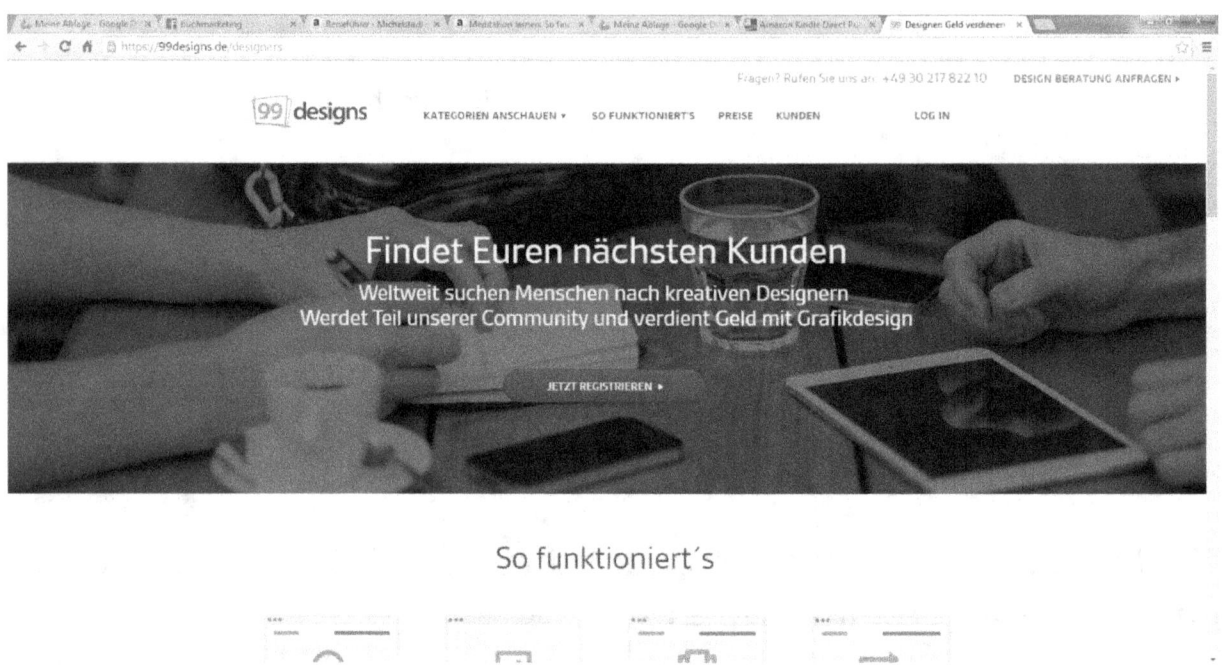

Wie funktionert das genau?

Zu Beginn suchen Sie sich einen Wettbewerb aus. Derzeit gibt es ungefähr über 2.300 offene Wettbewebe.

Nachdem ich Ihnen einige Anregungen gegeben habe, liegt es nun an Ihnen erfolgreich zu sein. Krempeln Sie Ihre Ärmel hoch und starten Sie sofort. Denn nur wer auch wirklich Einsatz zeigt, wird auch erfolreich sein.

Ein kleiner Hinweis bezüglich der zusätzlichen Einnahmen. Beachten Sie bitte immer, dass die Zusatzeineinkünfte in jedem Land anders versteuert werden müssen. Hierzu kann ich Ihnen keinerlei Auskünfte geben, beachten Sie aber bitte, dass jeweilige Steuergesetz.

Ich wünsche Ihnen viel Erfolg beim Geldverdienen und werde Ihnen in kürzester Zeit mehr solcher Tipps zukommen lassen.

Für Fragen und Anregungen stehe ich Ihnen gerne zur Verfügung:

Kristindemar@ist-einmalig.de

Tragen Sie sich für meinen Newsletter auf meiner Homepage: www.Kristindemar.com ein und Sie werden immer informiert, sollte ein neuer Ratgeber herauskommen.

Lizenznachweis:

Coverfotoquelle: Fotolia.com

Haftungsrecht:

Die Benutzung dieses Buches und die Umsetzung der darin enthaltenen Informationen erfolgt ausdrücklich auf eigenes Risiko. Der Verlag und der Autor können für etwaige Unfälle und Schäden jeder Art, die sich beim Nachmachen der in diesem Buch aufgeführten Tätigkeiten ergeben, aus keinem Rechtsgrund eine Haftung übernehmen.

Haftungsansprüche gegen den Verlag und den Autor für Schäden materieller und ideeller Art, die durch die Nutzung fehlerhafter und /oder unvollständiger Information verursacht wurden, sind grundsätzlich ausgeschlossen.

Druckfehler und Falschinformationen können nicht vollständig ausgeschlossen werden. Der Verlag und auch der Autor übernehmen keine Haftung für die Aktualität, Richtigkeit und Vollständigkeit der Inhalte des Buches, ebenso nicht für Schreib oder Druckfehler.

Es kann keine juristische Verantwortung sowie Haftung in irgendeiner Form für fehlerhafte Angaben und daraus entstandenen Folgen vom Verlag oder vom Autor übernommen werden.

Für die Inhalte von den in dem Buch abgedruckten Internetseiten sind ausschließlich die Betreiber der jeweiligen Internetseiten verantwortlich. Der Verlag und der Autor haben keinen Einfluss auf die Gestaltung und Inhalte fremder Seiten.

Verlag und Autor distanzieren sich daher von allen fremden Inhalten. Zum Zeitpunkt der Verwendung waren keinerlei illegale Inhalte auf den Webseiten vorhanden.

www.ingramcontent.com/pod-product-compliance
Lightning Source LLC
Chambersburg PA
CBHW081612200526
45167CB00019B/3058